세시봉

추억의 그 카페

연주를 위한 통기타 곡집

일신서적출판사

[추억의 그 카페 세시봉]은 통기타 전성시대의 추억을 되살리는 노래들을 실은 기타 연주곡집으로, 기타 초보자들도 타브(TAB)악보를 통해 연습하고 연주 할 수 있도록 쉽게 편곡된 통기타 곡집입니다.

기초적인 아르페지오 곡과 다양한 록 스트로킹 주법을 배우면서 연주할 수 있도록 난이도별로 진행되는 연주곡집입니다.

• 리듬 악보

리듬 악보는 스트로크(Stroke) 주법에서 주로 사용되며, 저음부와 고음부를 나누어 기보하는 경우도 있습니다. 이런 경우에 저음부는 4, 5, 6번 줄의 소리가 더 잘 들리도록, 고음부는 1, 2, 3번 줄의 소리가 더 잘 들리도록 칩니다.

• 타브 악보

타브 악보는 주로 아르페지오에서 사용됩니다. 타브 악보의 가로 6줄은 기타의 줄을 의미하며, 맨 위 줄부터 1, 2, 3, 4, 5, 6번 줄을 나타냅니다. 타브 악보에 표기된 숫자는 각 줄의 프렛번호를 의미하며, 프렛번호에 맞게 왼손으로 눌러줍니다.

코드와 손가락 번호 읽기

● 코드표 읽기

코드표는 기타의 지판을 그림으로 나타낸 것입니다. 코드표도 타브 악보와 동일하게 맨 위 줄부터 1, 2, 3, 4, 5, 6번 줄을 의미합니다.

원 안의 숫자는 손가락을 집는 위치로, 각 번호가 왼손 손가락 번호입니다. O는 개방현을 치라는 의미이며, ✕는 줄이 울리지 않도록 하라는 표시입니다. 줄 위의 ●는 코드의 근음(Root)을, 맨 왼쪽에 있는 굵은 세로줄은 기타의 너트(Nut)를 나타낸 것으로 그 다음 세로 줄부터 1프렛, 2프렛,…입니다.

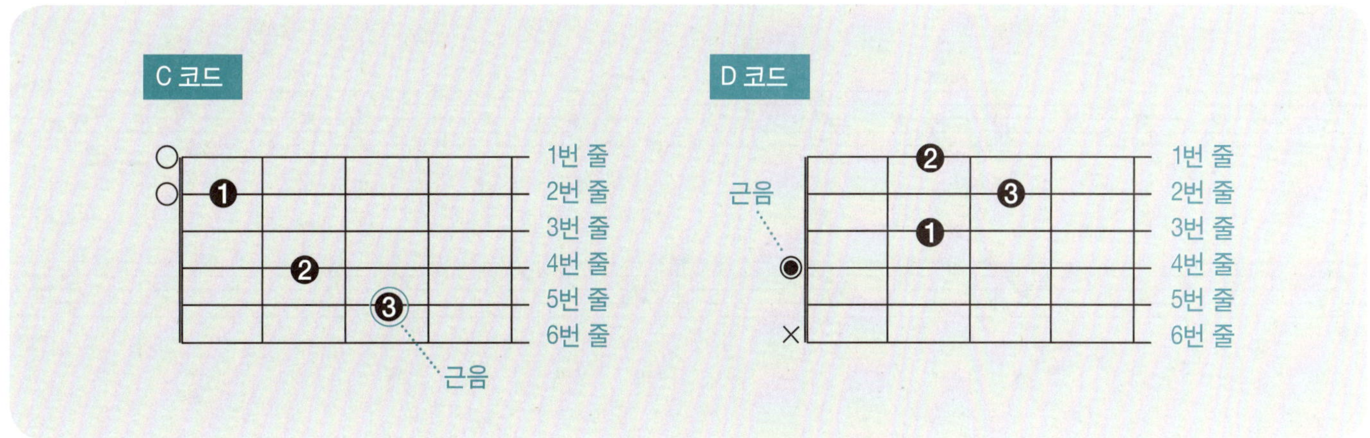

● 손가락 번호

왼손 손가락 번호는 검지부터 1, 2, 3, 4번이며, 오른손 손가락은 엄지부터 T, i, m, a, ch로 표기 됩니다.

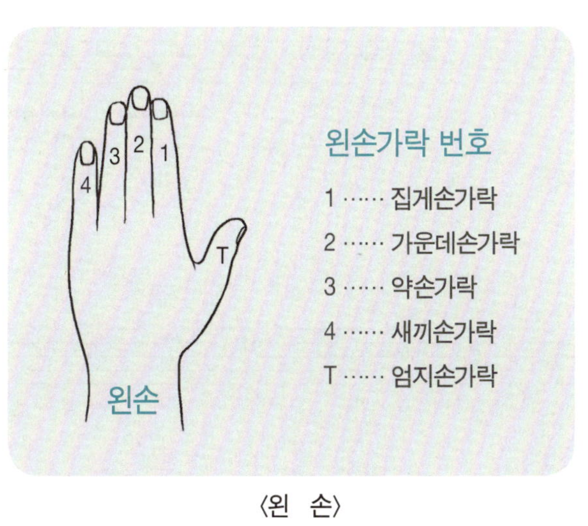

〈왼 손〉

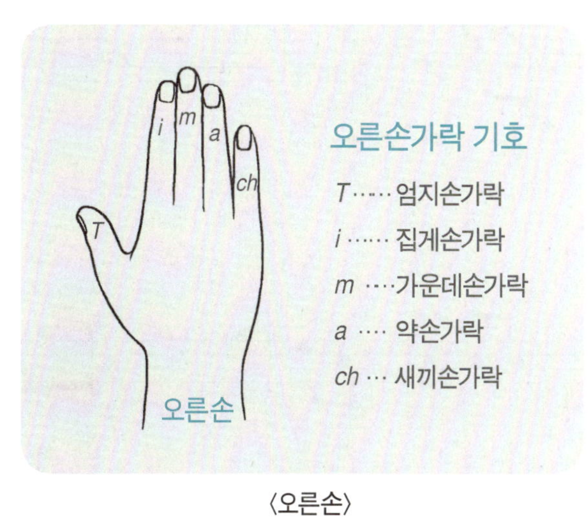

〈오른손〉

왜 불러

작사·작곡·노래 | 송창식

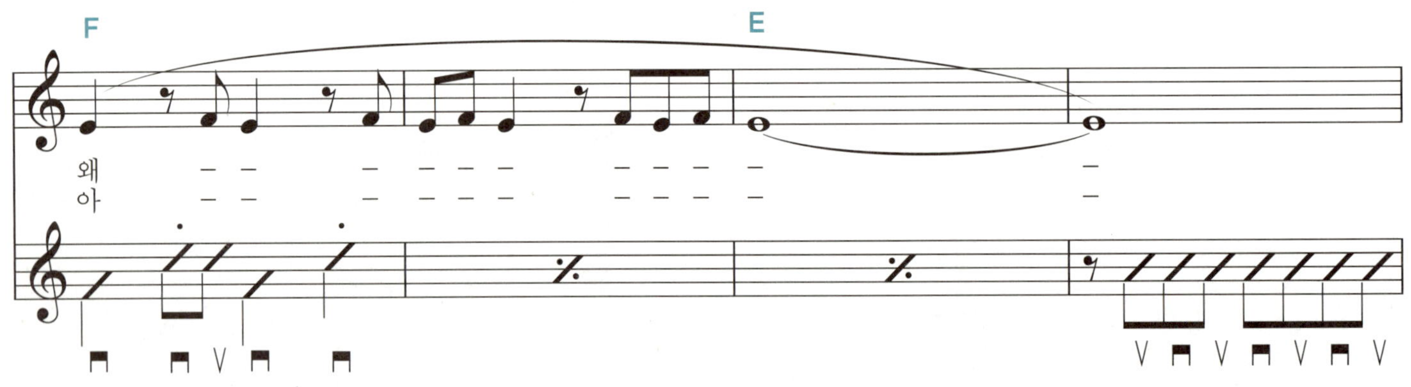

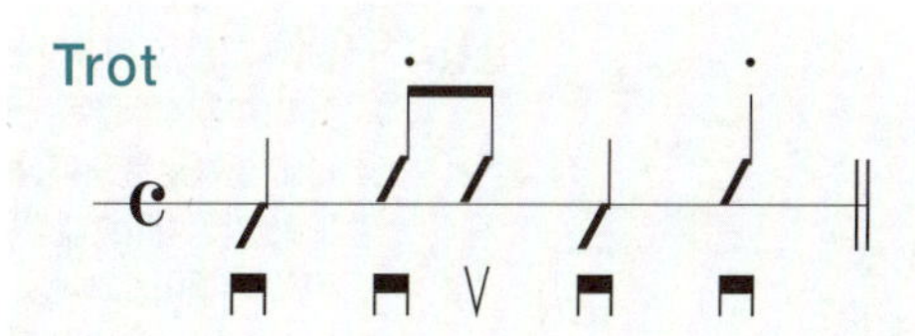

Trot

Am
E7
Am
아 니 안 되 지 돌 아 서 선 안 되 지 - - -
가 던 발 걸 음 멈 - 춰 선 안 되 지 - - -

G
C
아 니 안 되 지 돌 아 보 면 안 되 지 - - -
애 절 하 게 - 부 - 르 는 소 리 에 - - -

F
Am
Dm
E7
한 번 쯤 불 러 주 는 그 목 소 --리 - 에
자 꾸 만 약 해 지 는 나 의 마 --음 - 을

F
E7
Am
다 시 또 속 -아 선 안 되 지 -
이 대 로 돌 이 켜 선 안 되 지 -

송창식	1968 그룹 '트윈폴리오' 멤버	주요곡	사랑이야	선운사
	2009 제24회 골든디스크 시상식 공로상		담배가게 아가씨	가나다라
	1997 늘새로운 노래상		한번쯤	왜 불러
	1985 가톨릭가요대상		토함산	푸르른 날
	1982 가톨릭가요대상		고래사냥	그대 있음에
	1975 MBC 최고인기가수상		우리는	

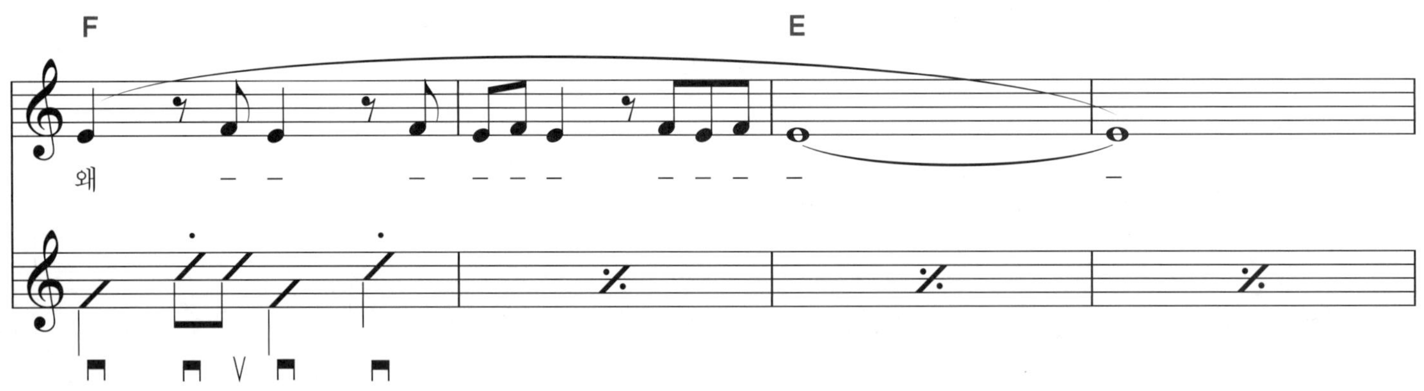

작사·작곡 | 조성욱   노래 | 김세환
A   D   E   E7

토요일 밤에

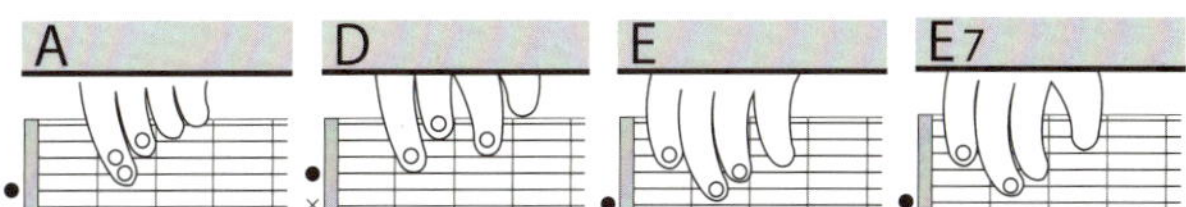

Go Go
A   D   A   E
긴 머 리 에 짧 — 은 치 마 아 — 름 다 운 그 — 녀 를 보 면
세 상 에 서 제 — 일 가 는 믿 — 음 직 한 그 — 이 를 보 면
아 름 다 운 노 — 래 소 리 멀 — 리 멀 리 퍼 — 져 — 갈 때

A   D   A   E
무 스 말 을 하 — 여 야 할 까   오   토 요 일 밤
무 스 말 을 하 — 여 야 할 까
희 망 에 찬 내 — 일 을 위 해

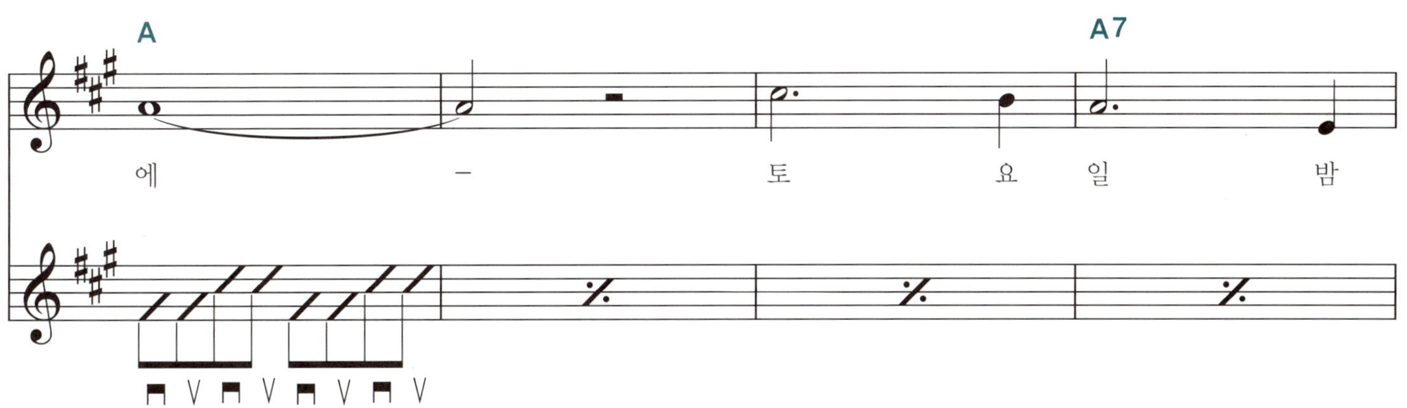

A   A7
에 —   토 요 일 밤

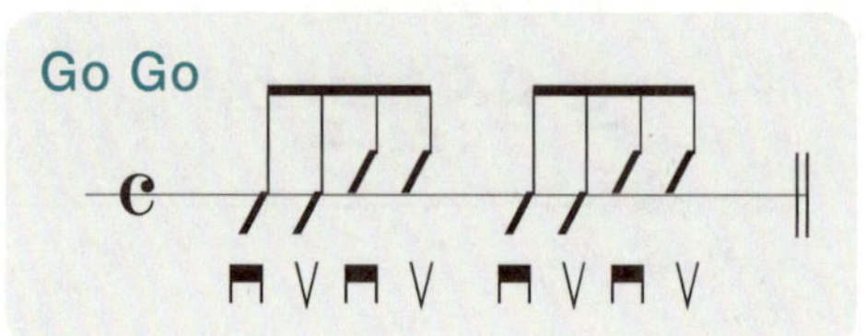

Go Go

D A E7
토요 일 밤 에 나 그대 – 를 만 나
E7 A A7
리 – 토 요 일 밤
D A E
토요 일 밤 에 나 그대 – 를 만 나 리
A D A D
라 –
3times
3times

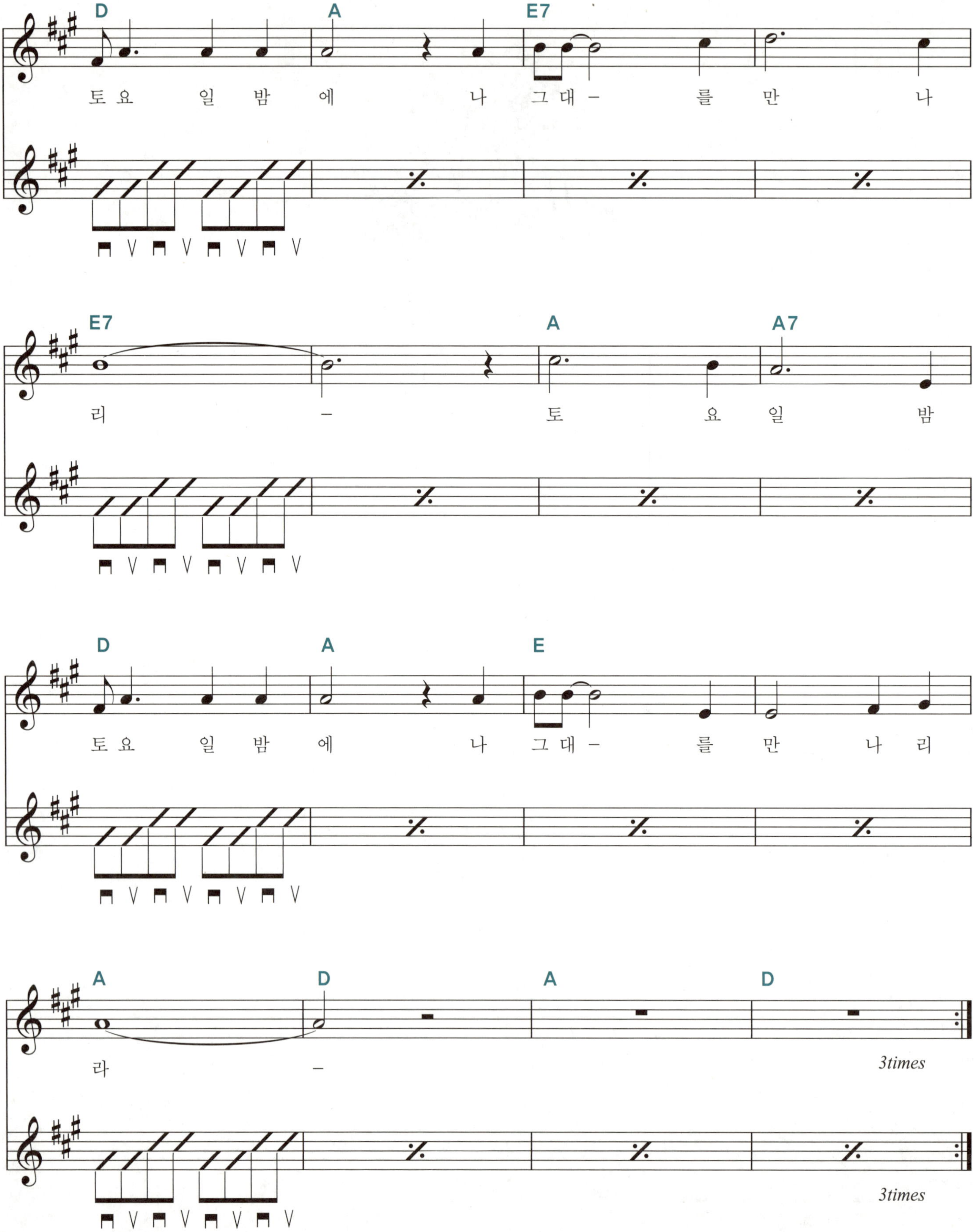

김세환 | 출생 1948년 7월 15일
가족 아버지 김동원
학력 경희대학교 신문방송학 학사
데뷔 1972년 가요계 데뷔
주요곡 | 좋은 걸 어떡해
토요일 밤에
사랑하는 마음
무뚝뚝한 사나이
사랑을 노래해요
길가에 앉아서
화가 났을까
우리들의 이야기
행복한 사람
어리석은 사랑
A
D
A
토 요 일 밤 토요 일 밤에 나
E
그 대 － 를 만 나 리 －
A
D
A
토 요 일 밤 토요 일 밤에 나
E
A
그 대 － 를 만 나 리 －

고향의 푸른 잔디

작사·노래 | 조영남 외국곡

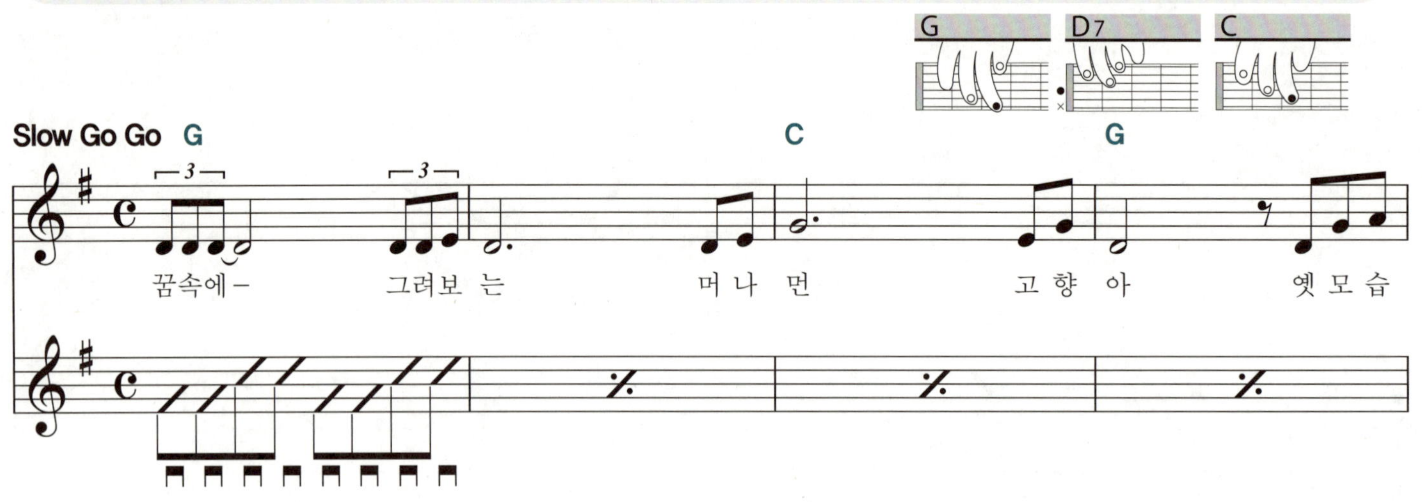
Slow Go Go
꿈속에— 그려보 는 머나 먼 고 향 아 옛 모 습

변 치 — 않 고 지 금 도 잘있느 냐 — 사 랑

하 는부 모 형 제 어 릴 때 같 이 놀 던 친 구푸르

고 푸 른 고 향 의 잔 디 야 — 타 향

조영남 | 가수, 화가
출생 1945년 4월 2일 (황해도)
가족 동생 조영수
학력 트리니티신학대학교 학사
데뷔 1970년 노래 '딜라일라'
수상 2010년 MBC 연기대상 라디오 부문 최우수상
       1999년 제11회 인간상록수 표창
       1996년 한국방송대상 가수상

주요곡 | 불꺼진 창
딜라일라
화개장터
사랑없인 못 살아요
지금
제비
보리밭
그대 그리고 나

G   G7   C
살 이 서 러 워 도 꿈 속 에 그 려 보 는 고 향푸르

G   D7   G C G
고 푸 른 고 향 의 잔 디 야 —

G   C   G
앞마을— 냇 가 에 물 레 방 아소 리 뒷동산

G   D7
종 달— 새 지 저 귀 는 노래소 리 — 아 꿈

속 에들려 오는 어머님 의자 장 노 래소 리푸르
고 푸른 고향의 잔디야 — 타향
살 이서 러워도꿈속 에 그 려 보는고 향푸르
고 푸른 고향-의- 잔- - 디야 —

그건 너

작사 · 작곡 · 노래 | 이장희

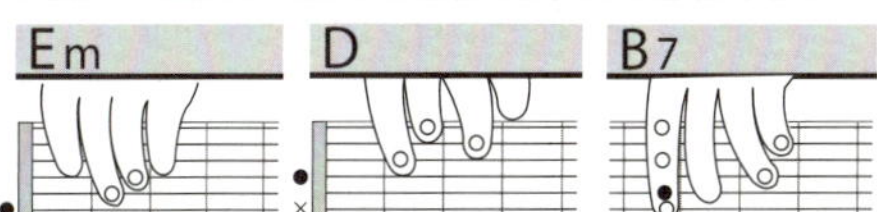

Go Go
Em
D
C
B7
모어 두들 잠 ─ 들은 고 요 한 이밤 ─ 에
전 화를 걸 ─ 려고 동 전 바 꿨네 ─ ─
제는 비 가 오는 종 로 거 리를 ─ ─

Em
D
C
B7
어 ─ 이 해 나 ─ 홀 로 잠 못 이 루 나 ─
우 ─ 산 도 안 받 고 혼 자 걸 었 네 ─
종 ─ 일 토 록 번 호 판 과 씨 름 했 었 네 ─

Em
D
C
B7
넘 ─ 기는 책 속 에 수 ─ 많 은 글 들 이 ─
우 ─ 연 히 마 주 친 동 ─ 창 생 녀 석 이 ─
그 러 다 가 당 신 이 반 ─ 으 면 끊 었 네 ─

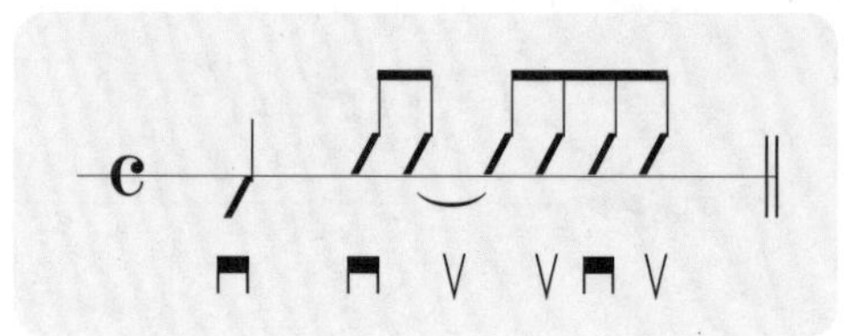

Em   D   C   B7   Em
어 — 이 해니   한 — 자 도   뷔 이 질 않 나 —   그 건
너 미 쳤 니   하 — 면 서   껄 이 껄 웃 더 군 —
왜 일 인 지   바 보 처 럼   울 고 말 았 네 —

D   Em
너   그 건 너   바 로

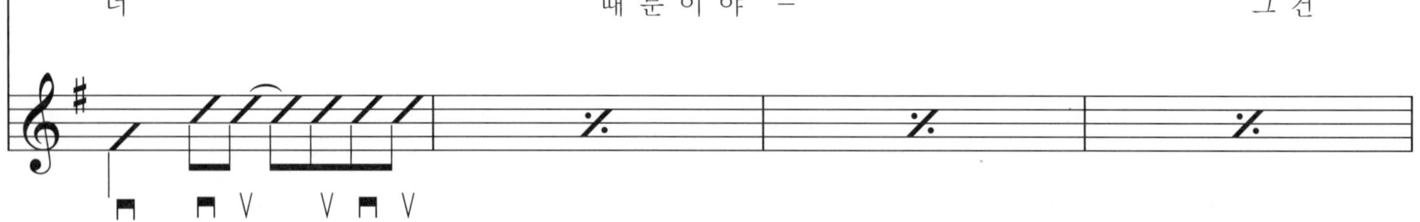
D   Em
너   때 문 이 야 —   그 건

D   Em
너   그 건 너   바 로

이장희 | 가수
출생 1947년 (경기도 오산)
학력 연세대학교 생물학과
데뷔 1971년 노래 '겨울이야기'
경력 ~ 2003.12 라디오코리아 대표
주요곡 | 그건 너
한잔의 추억
나 그대에게 모두 드리리
비의 나그네
당신을 처음 본 순간
오늘밤엔 웬일인지
D
Em
너
때 문 이 야 —
그 건 너
D
Em
—
그 건 너 —
그 건 너
D
Em

조개껍질 묶어

작사·작곡·노래 | 윤형주

윤형주 │ 가수
출생 1947년 11월 19일
가족 슬하 1남 2녀
학력 경희대학교
데뷔 1971년 DBS 라디오 0시의 다이얼 DJ
수상 2010년 제1회 대한민국 대중문화예술상 대통령 표창

주요곡 │ 우리의 이야기들
지금도 나만을
바람아 구름아
긴머리 소녀
비와 나

한번쯤

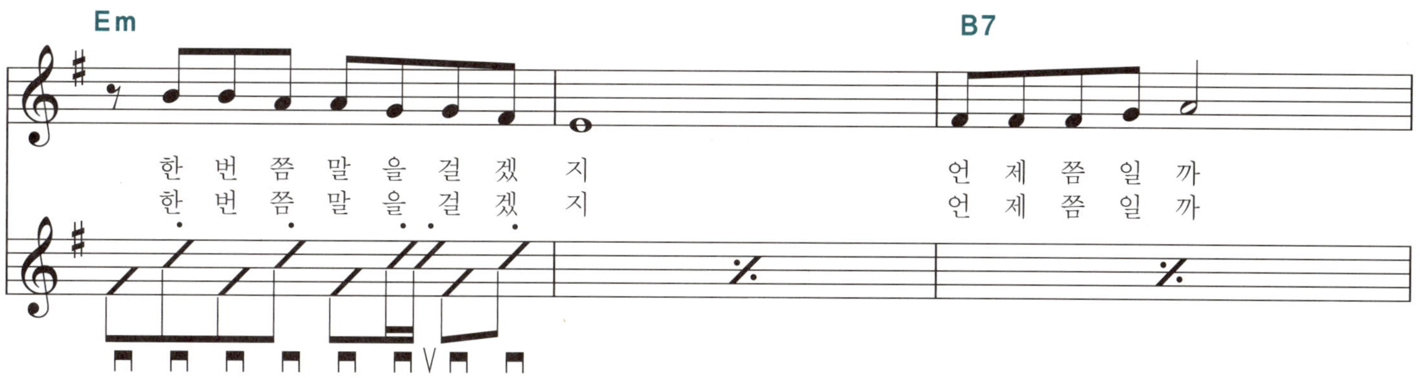

Em
B7
한 번 쯤 말 을 걸 겠 지
언 제 쯤 일 까
한 번 쯤 말 을 걸 겠 지
언 제 쯤 일 까

Em
B7
언 제 쯤 일 까
언 제 쯤 일 까

Em
B7
Em
떨 리 는 목 소 리 ― 로
말 을 붙 여 오 겠 ― 지
겁 먹 은 얼 ― 굴 ― 로
뒤 를 돌 아 보 겠 ― 지

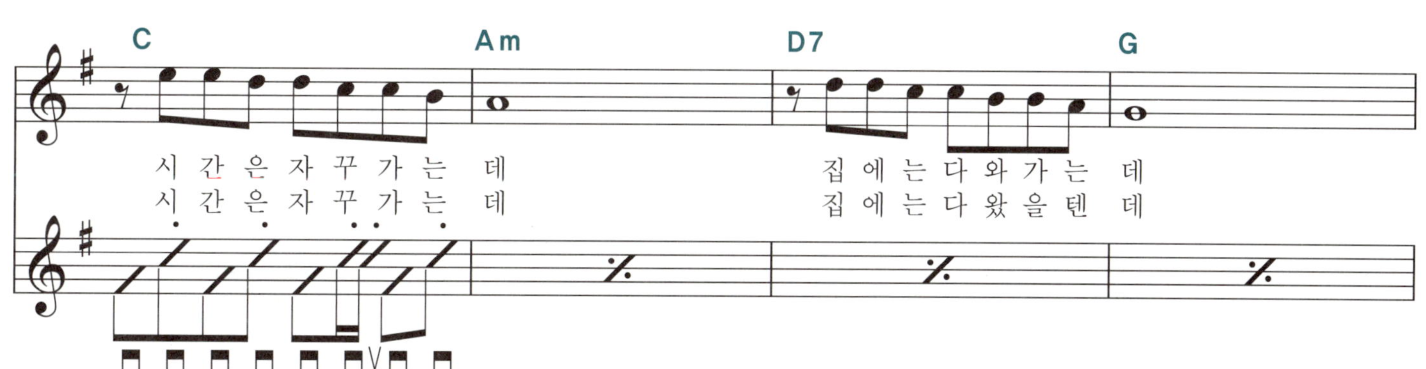

C
Am
D7
G
시 간 은 자 꾸 가 는 데
집 에 는 다 와 가 는 데
시 간 은 자 꾸 가 는 데
집 에 는 다 왔 을 텐 데

트윈폴리오와 송창식 | 송창식 (1947년 2월 2일 ~)은 대한민국의 가수이자 싱어송라이터이다. 송창식은 서울예술고등학교를 졸업하고, 1967년 윤형주와 함께 트윈폴리오를 결성하여 가요계에 데뷔하였다. 1970년에 솔로가수로 전향했다. 70년대 초중반에 세시봉카페에서 활동하기도 했다. 1974년에 <피리부는 사나이>라는 곡으로 대중들에게 큰 인기를 끌었다. 이 다음해에도 <왜 불러>라는 곡으로 대박을 떠뜨려 가요부문의 여러가지 상을 받으면서 한동안 가요계를 장악했다. 1978년 한일 문화교류협회 초청으로 일본 공연을 갖기도 했으며 또 같은 해부터 연속 3년 동안 계속해서 MBC 10대 가수상을 받았다.

왜 이렇게   망 설 일 까   나 는 기   다 리 — 는
왜 이 렇 게   앞 만 보 며   남 의 애   를 태 — 우

데   뒤 돌 아 보 고 싶 지 만   손 짓 도 하 고 싶 지
나   말 한 번 붙 여 봤 으 면   손 한 번 잡 아 봤 으

만   조 금 만 더   조 금 만 더
면   조 금 만 더   조 금 만 더

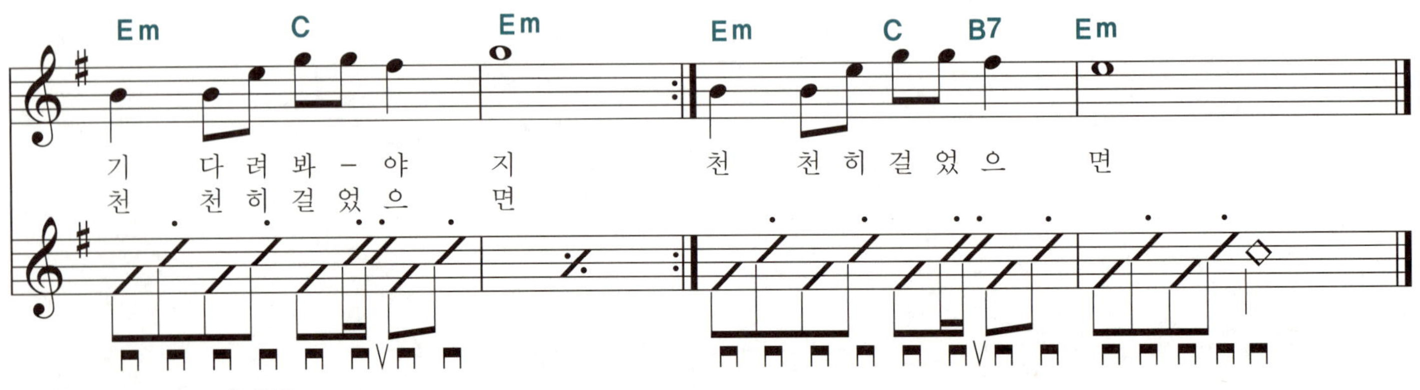

기 다 려 봐 — 야   지   천 천 히 걸 었 으   면
천 천 히 걸 었 으   면

불꺼진 창

작사·작곡 | 이장희 노래 | 조영남

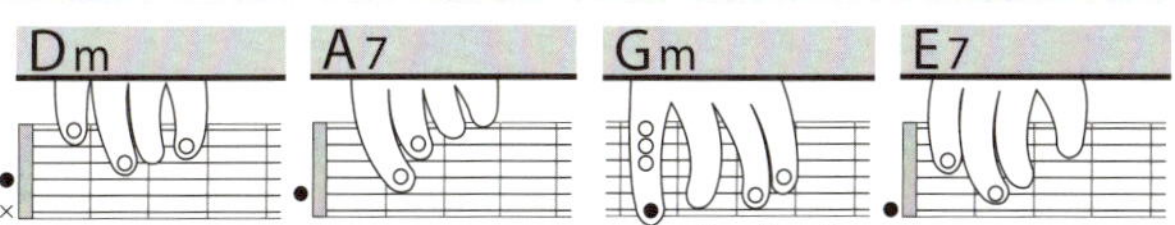

Dm
A7
Gm
E7

Trot
Dm
A7
Dm
지 금   나 는 우 울 해   왜

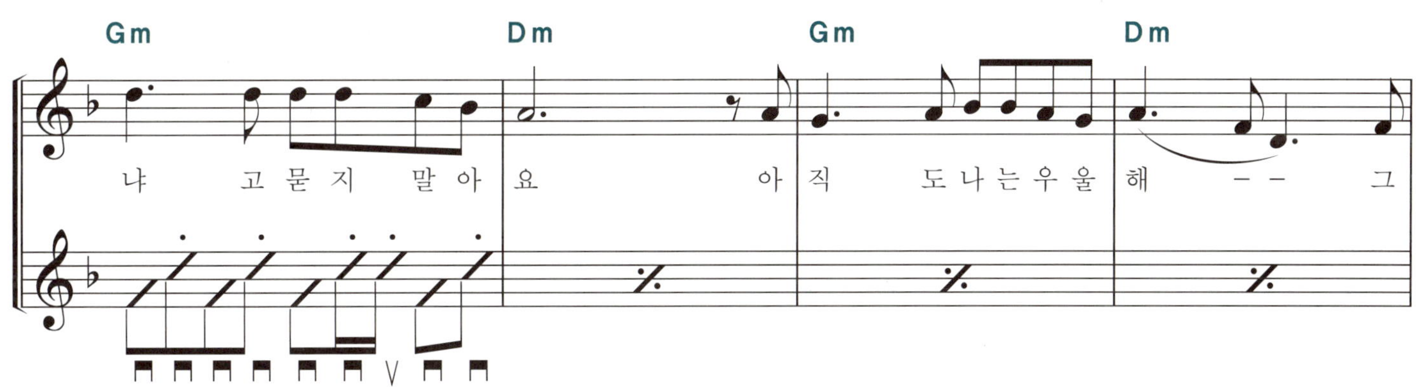

Gm
Dm
Gm
Dm
냐 고 묻 지 말 아 요   아 직 도 나 는 우 울 해 ― ― 그

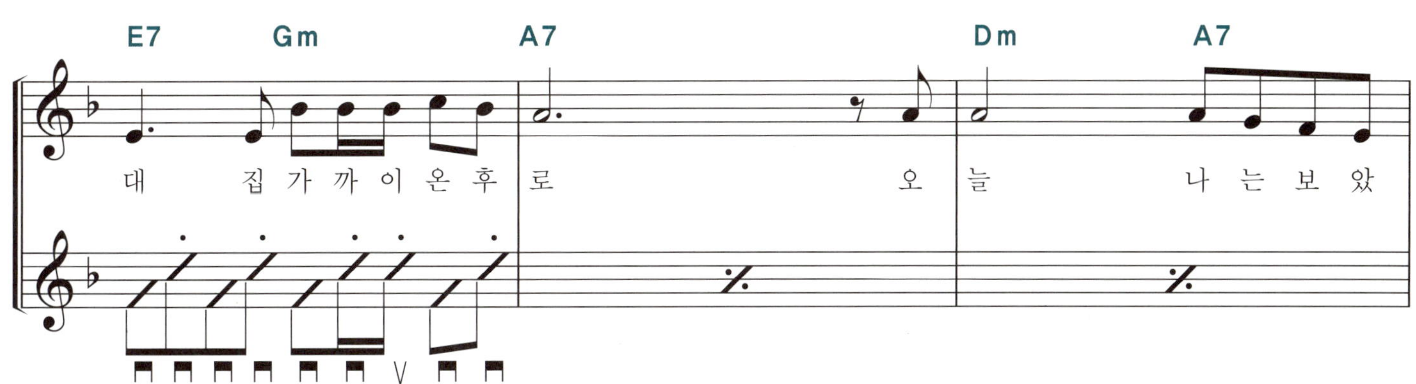

E7
Gm
A7
Dm
A7
대 집 가 까 이 온 후 로   오 늘   나 는 보 았

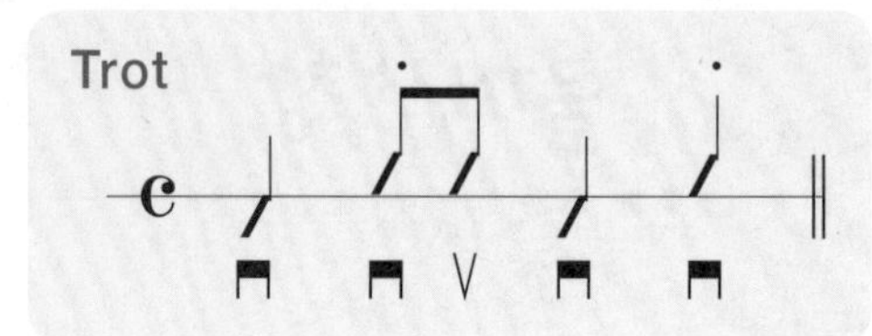

Trot

Dm
Gm
Dm
네
그 녀 의 불 꺼 진 창 을
희

Gm
Dm
E
A7
Dm
미 한 두 사 람 의 그 림 자 를 오 늘 밤 나 는 보 았 네

Gm
Dm
Gm
Dm
누 군 지 행 복 하 겠 지
무 척 이 나 행 복 할 거 야
그
누 군 지 행 복 하 겠 지
무 척 이 나 행 복 할 거 야
그

Gm
Dm
A7
Gm
A7
녀 를 만 난 그 사 내 — 가 한 없 이 나 는 부 럽 네
불
녀 를 만 난 그 사 내 — 가 한 없 이 나 는 부 럽 네
불

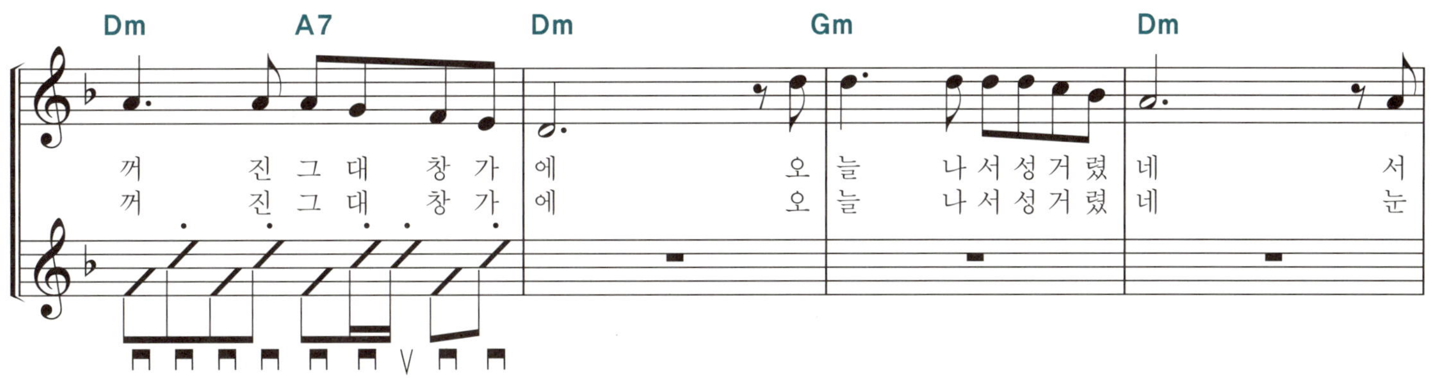

Dm A7 Dm Gm Dm
꺼 진 그 대 창 가 에 오 늘 나 서 성 거 렸 네 서
꺼 진 그 대 창 가 에 오 늘 나 서 성 거 렸 네 눈

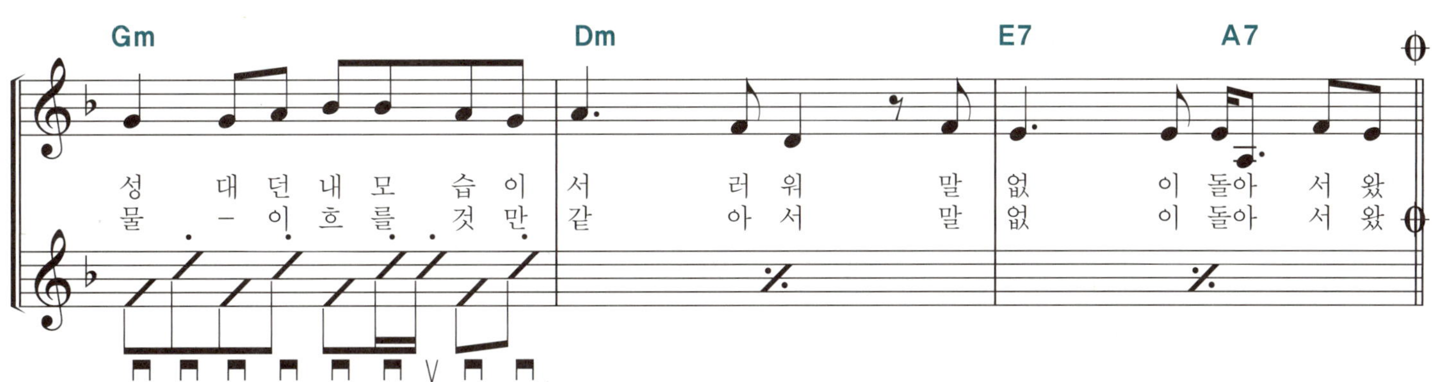

Gm Dm E7 A7
성 대 던 내 모 습 이 서 러 워 말 없 이 돌 아 서 왔
물 이 흐 를 것 만 같 아 서 말 없 이 돌 아 서 왔

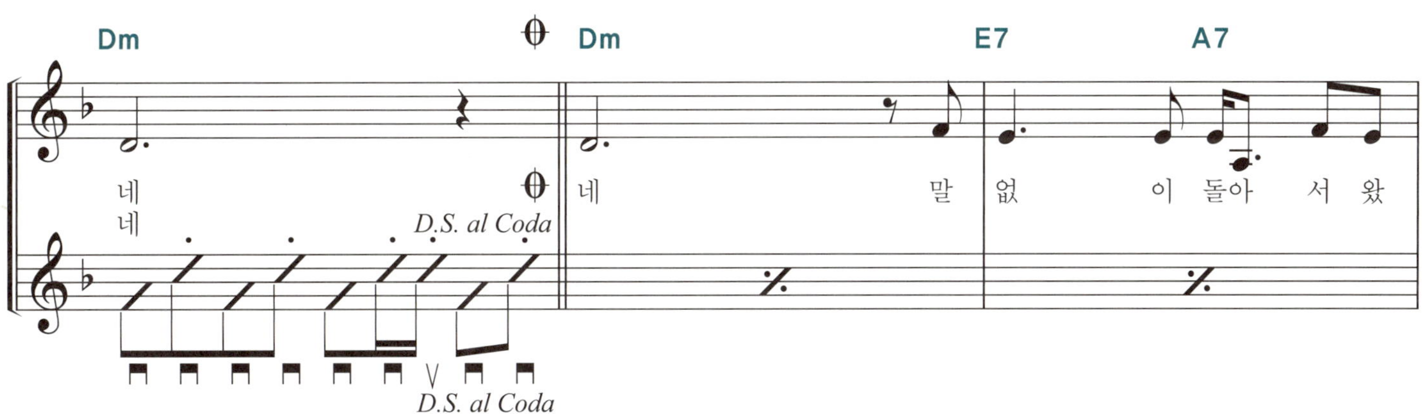

Dm Dm E7 A7
네 네 말 없 이 돌 아 서 왔
네 D.S. al Coda
D.S. al Coda

Dm E7 A7 Dm
네 말 없 이 돌 아 서 왔 네

나 그대에게 모두 드리리

작사·작곡·노래 | 이장희

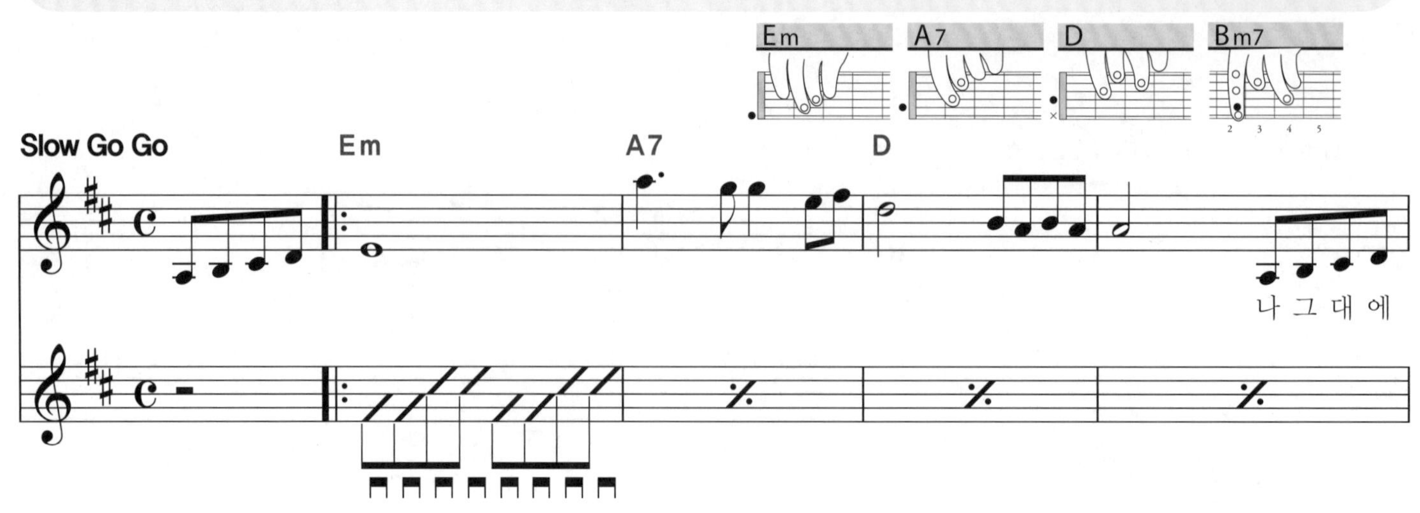

Em   A7   D   Bm7
Slow Go Go
Em   A7   D
나 그 대 에

Em   A7   D   Bm7
게   드 릴 말 있 네   오 늘 밤 문

Em   A7   D   Em
득   드 릴 말 있 네   나 그 대 에 게

A7   D   Bm7   Em   A7
모 두 드 리 리   터 질 것 같 은   이 내 사 랑

가수 이장희가 설립한 라디오코리아는 로스앤젤레스에서 한국어 라디오 프로그램을 방송하는 라디오 방송국이다.
이 방송국은 미국에 있는 가장 큰 한국 지역 사회를 위한 뉴스, 정보 및 오락 프로그램을 방송한다. 호출부호를 따서 KMPC라고도 불린다.
다른 한인 방송국은 KYPA와 KFOX이다.

미운 사람

작사·작곡·노래 | 윤형주

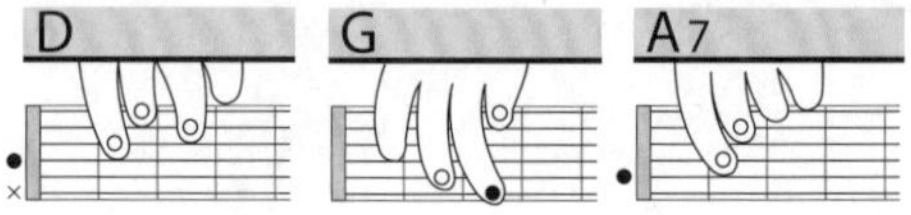

D G A7

Go Go

D　　　　G　　　　A7　　　　D

D　　　　G　　　　A7　　　　D

D　　　　G　　　　D　　A7　　D

이 제는우 리가이 별을할 시간아　　미 운사 람
다 시는그 사람생 각을않 으리아　　미 운사 람

D　　　　G　　　　D　　A7　　D

그 동안우 리는사 랑을했 는데아　　미 운사 람
그 러나또 다시눈 앞에보 이는아　　미 운사 람

G
D
그렇게도다정했는데
그렇게도행복했는데

G
E7
A7
우리멀리헤어진다면
서러운맘어이달래나

D
G
D
A7
D
눈물을감추려하늘을봤는데
아미운사람

D
G
D
A7
D
눈물을감추려고개를떨귀도아미운사람

사랑이야

작사·작곡·노래 | 송창식

Slow Go Go
Bm
당신은 누구시길래 이렇게 -
A
내 마음 깊은거기

D
에 찾아 와 -
G
어 느 새
Em
촛불하나 이 렇게

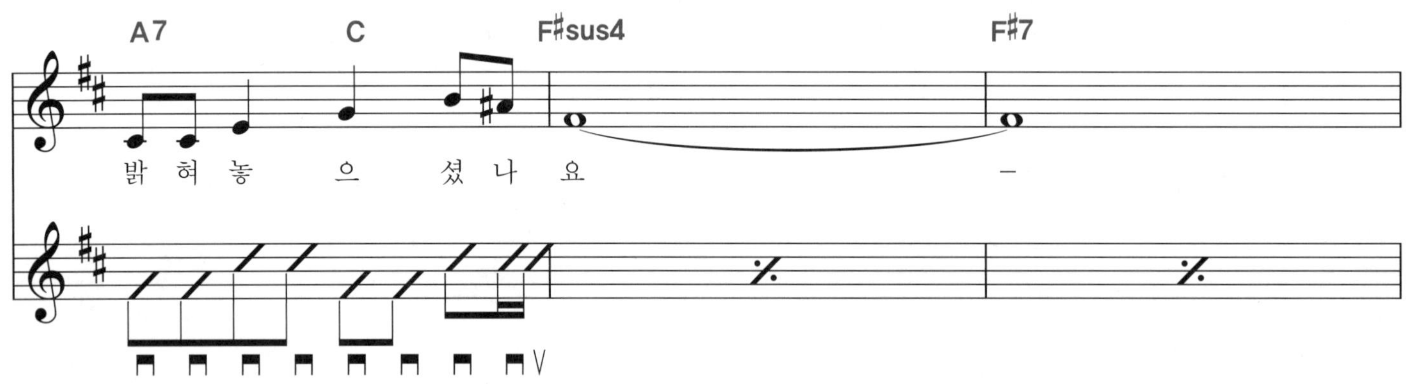

A7   C   F#sus4   F#7
밝 혀 놓 으 셨나요 -

Bm
어 느 별
Em
어느하늘 이 이렇게 -
A
당 신 이   피워놓으

D   G   Em
신 불처럼 –   밤 이 면   밤–마다 이 렇게

F#7   Bm   G7
영 원 할 수 있 나 요   언 젠 가

G   GM7   C
어   느 곳 에 선 가   한 번 은 본 듯 한 얼

G   Am   D7
굴   가 슴 속 에 항 상   혼 자

G   D7   G   G M7
그 려 보 던 그 모 습 —   단 한 번   — 눈 길 에
G7   C   Cm
터 져 버 린 내 영 혼 —
G   B7   G
사 랑 이야 —   사 랑 — 이야 —
G   GM7

Cotton Fields

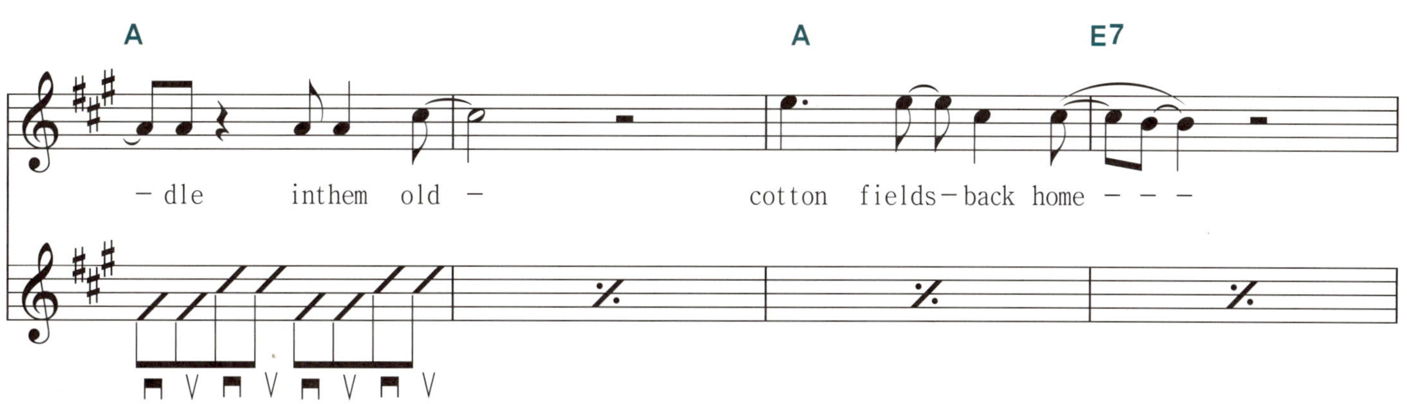

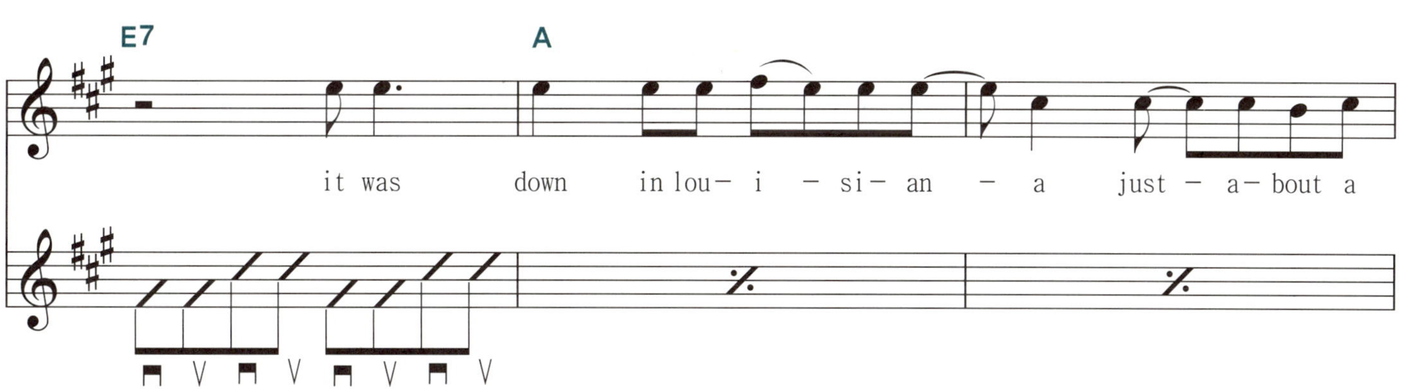

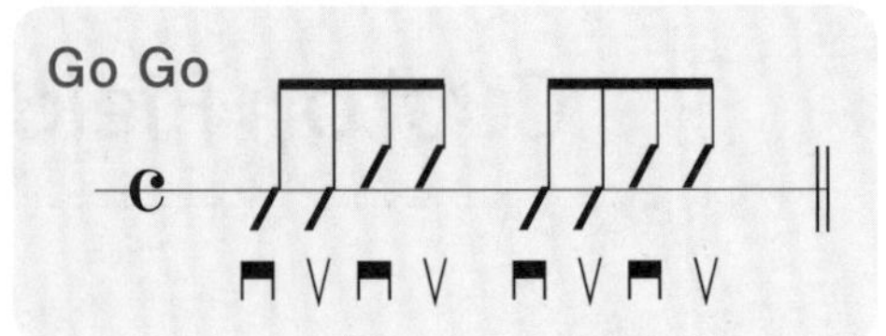

Go Go

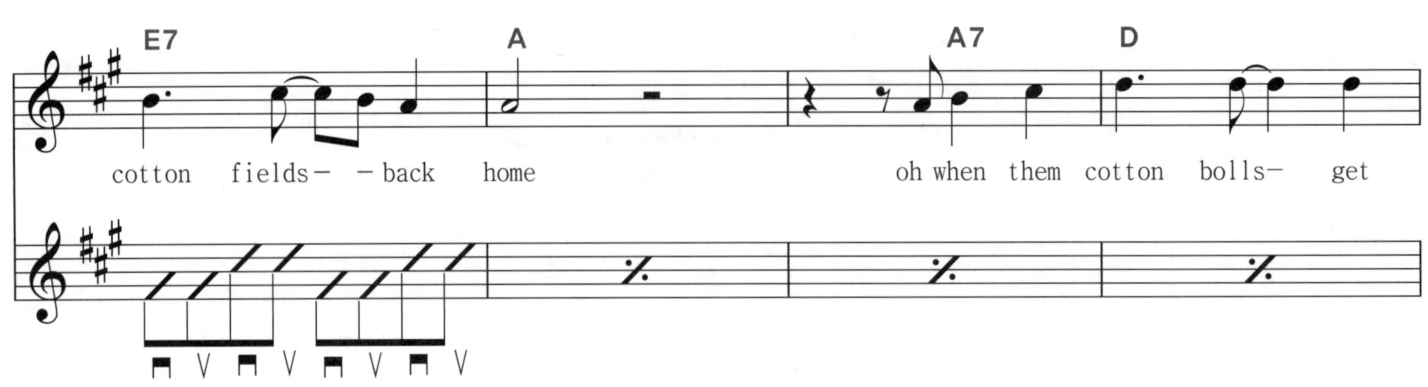

E7   A   A7   D
cotton fields— —back home   oh when them cotton bolls— get

D   A
rotten   youcan't   pick   wer — ymuch cott-on —   inthem old —

A   E7   A
cot —ton fields—back   home — —   it was   down inlou-i —si—an

A   D   A
— a   just — a—bout a mile — from tex—ar— ka — na   in them   old

A
E7
A
1.
cotton fileds— —backhome —
when I
1.
A
2.
2.
D
A
E7
E7
A
D

1967년 캘리포니아주(州) 엘 세리토에서 존 포거티(John Fogerty:1945~), 톰 포거티(Tom Fogerty:1941~1990), 스투 쿡(Stu Cook:1945~), 더그 클리퍼드(Doug Clifford:1945~)가 모여 결성했다.

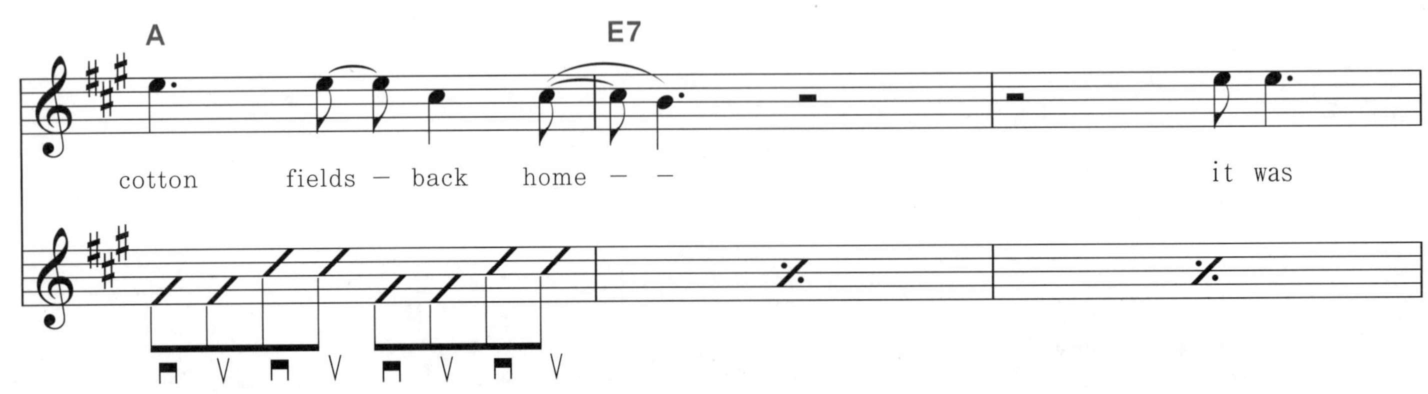

A
D
down in lou—i—si—an—a just—a—bout a mile—from tex—ar—da

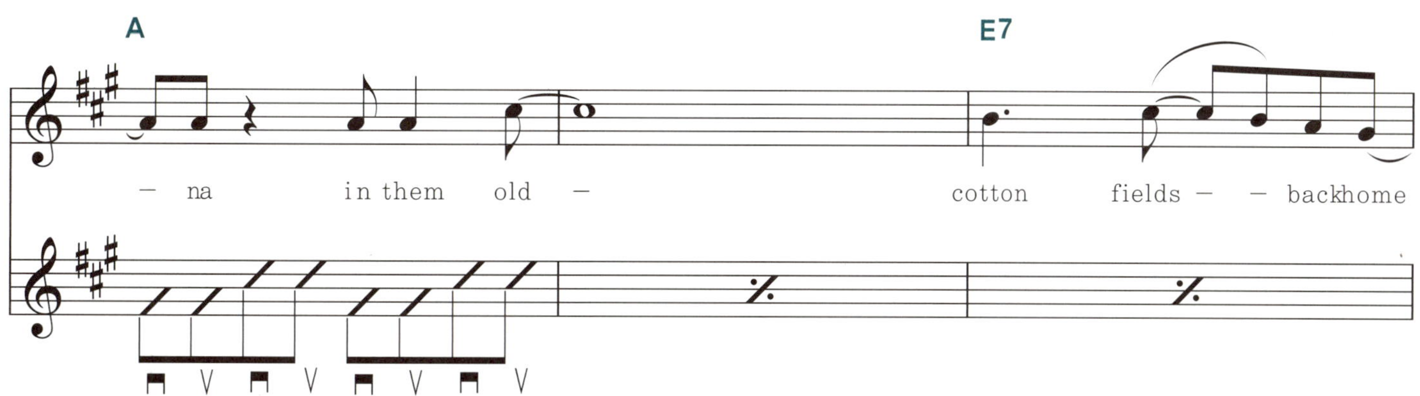

A
E7
—na in them old— cotton fields——backhome

A
in them old

E7
A
cotton fileds—back home—

우리들의 이야기

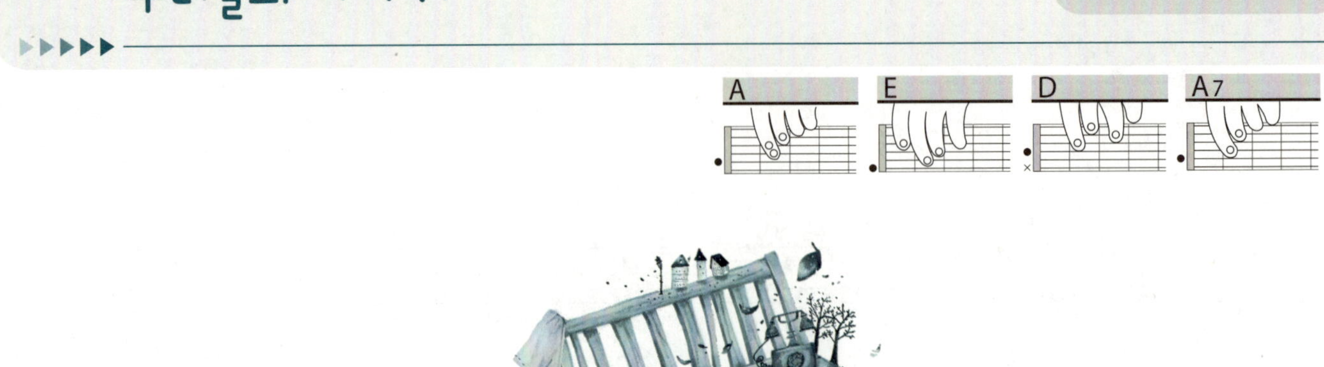

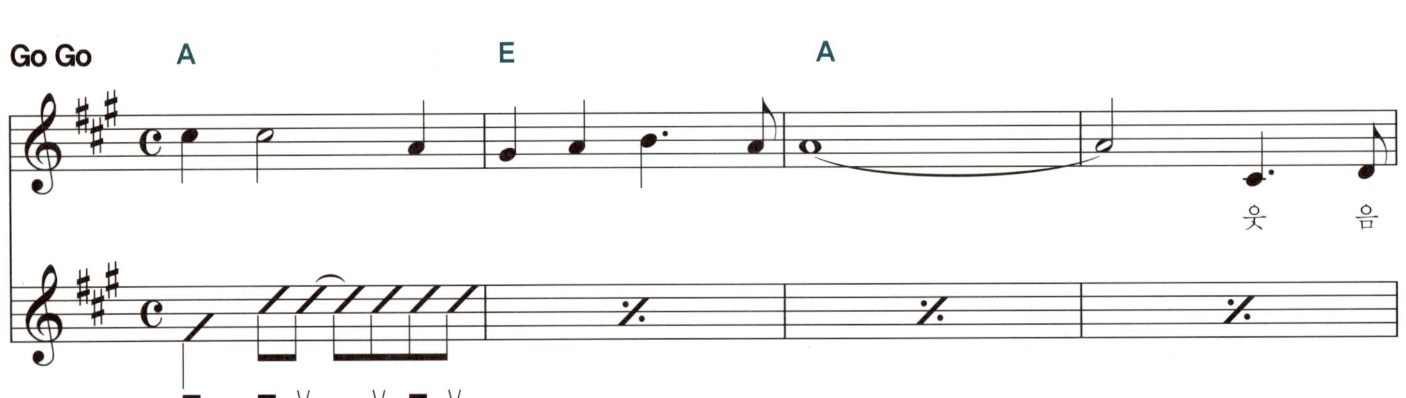

A
D
락 꽃 향 기 흩 날 리 던 날 ― 교 정

A
E
A
A7
에 서 우 리 는 만 났 소 ― 밤 하

D
A
늘 에 ― 별 만 큼 이 나 수 많

E
A
A7
았 던 우 리 의 이 야 기 들 바 람

D
A
같 이   간 다 고 해 도   언 제
A   E   A   1.
라 도 난 안 잊 을 테 요
1.
A 2.   E   A
언 제 라 도 난 안 잊 을 테 요
A   E   A
언 제 라 도 난 안 잊 을 테 요   —

사랑하는 마음

작사·작곡 | 송창식   노래 | 김세환

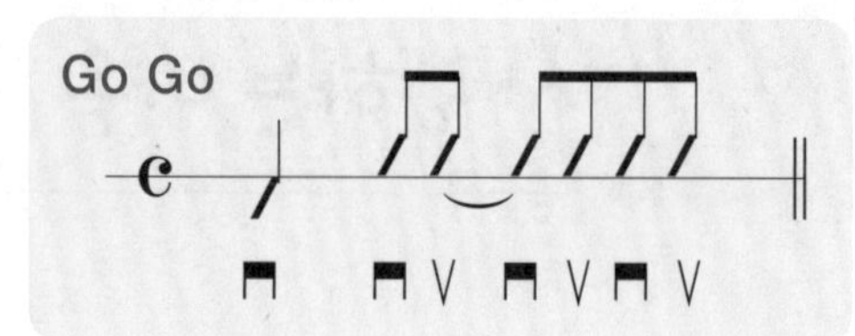

Go Go

A♭
B♭7
E♭
천 만 번 더 들어 도 기 -분좋은 말 사 랑

B♭7
E♭
B♭7
해 - 사랑하는마음보다 - 신나는건없 을걸

E♭
Gm
Cm
Fm7
B♭7
E♭
- 밀려오는그 마음 보다 - 포근한건없 을걸

E♭
B♭7
-

E♭
Gm   Cm   Fm7   B♭7
E♭   B♭7   E♭
Gm   Cm   Fm7   B♭7   E♭
D.S. al Coda
D.S. al Coda
E♭   Fm7   B♭7   E♭   Fm7   B♭7   E♭ B♭7 E♭
짜릿한건없 을걸 –
짜릿한건없 을걸 –

슬픈 얼굴 짓지 말아요

작사·작곡·노래 | 송창식

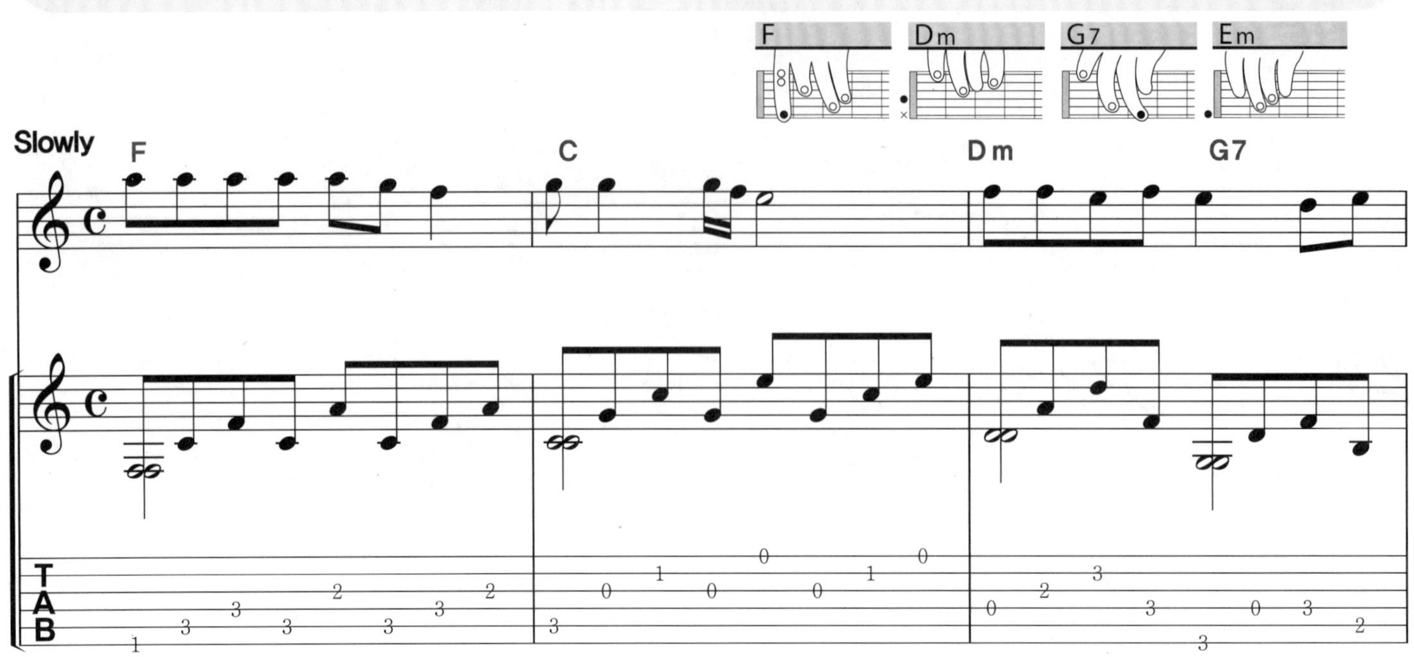

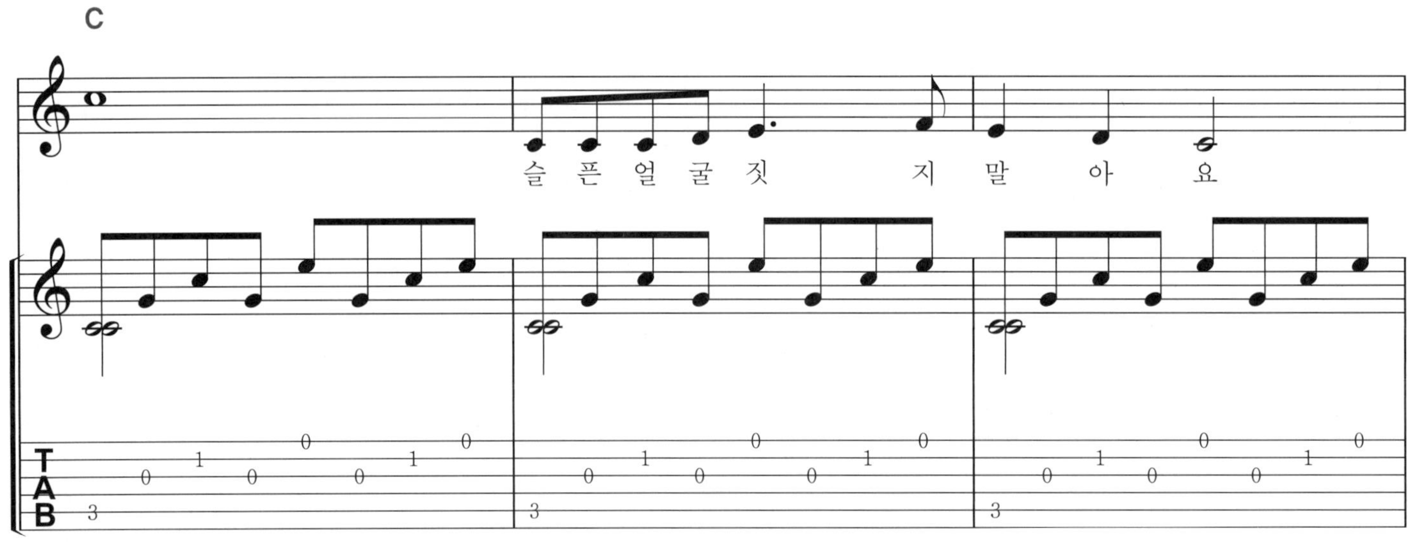

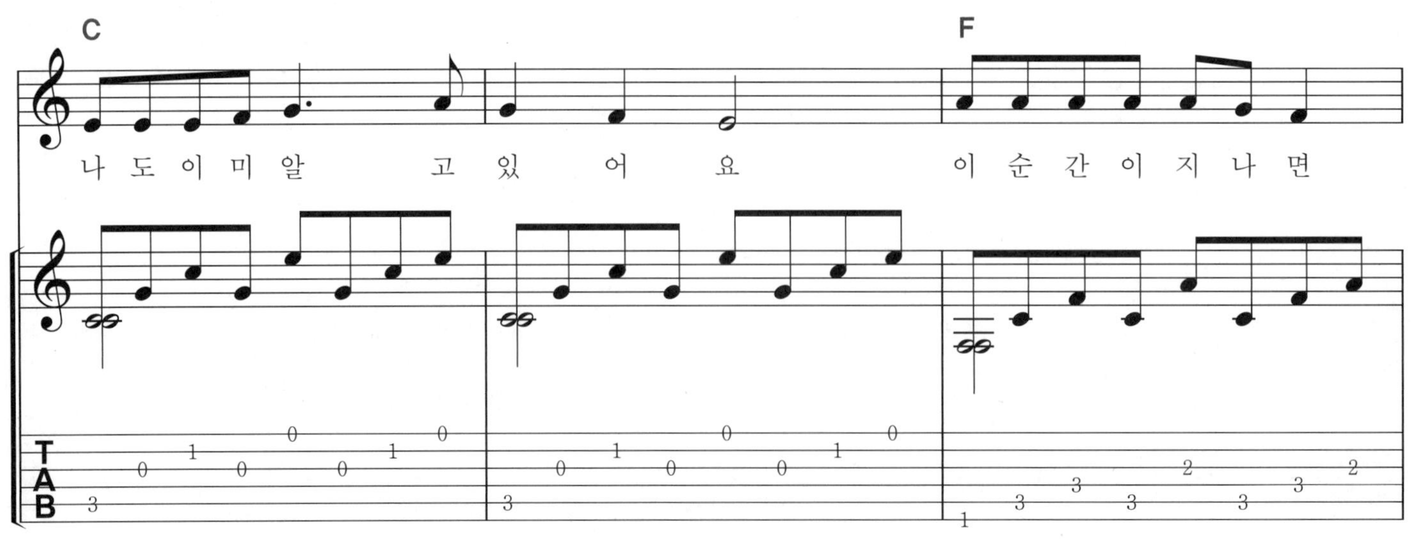

C   Dm   G7
우 리 들―은   헤 어 져 야 하 는 것   을

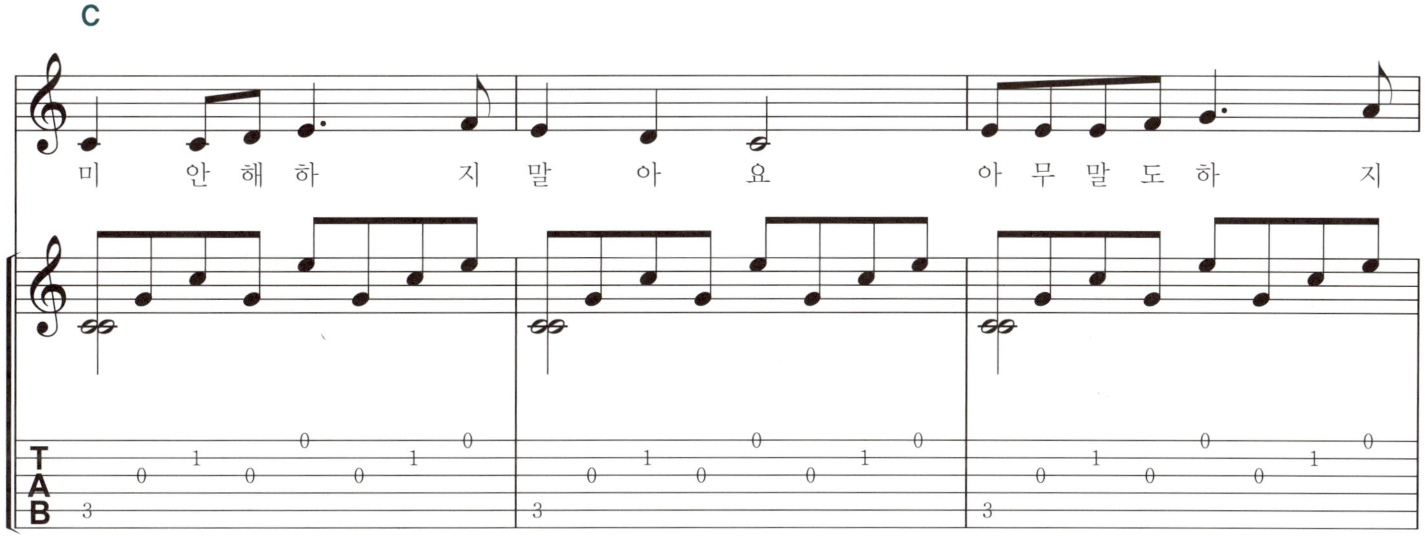

C
미 안 해 하   지 말 아   요   아 무 말 도 하   지

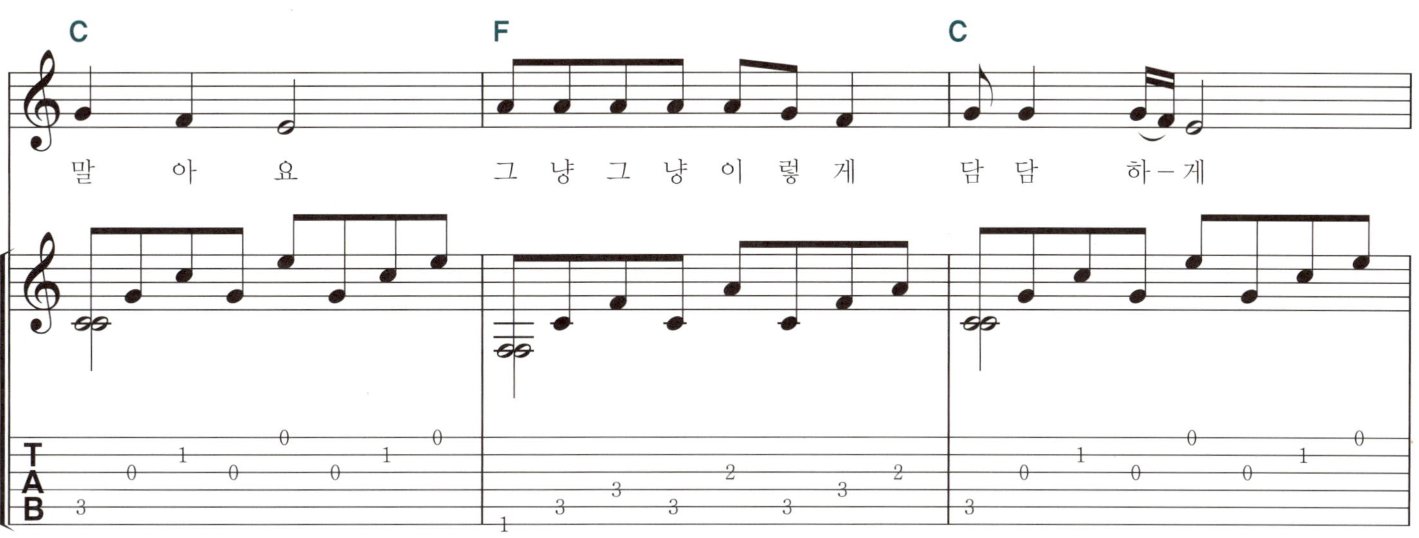

C   F   C
말 아 요   그 냥 그 냥 이 렇 게   담 담 하―게

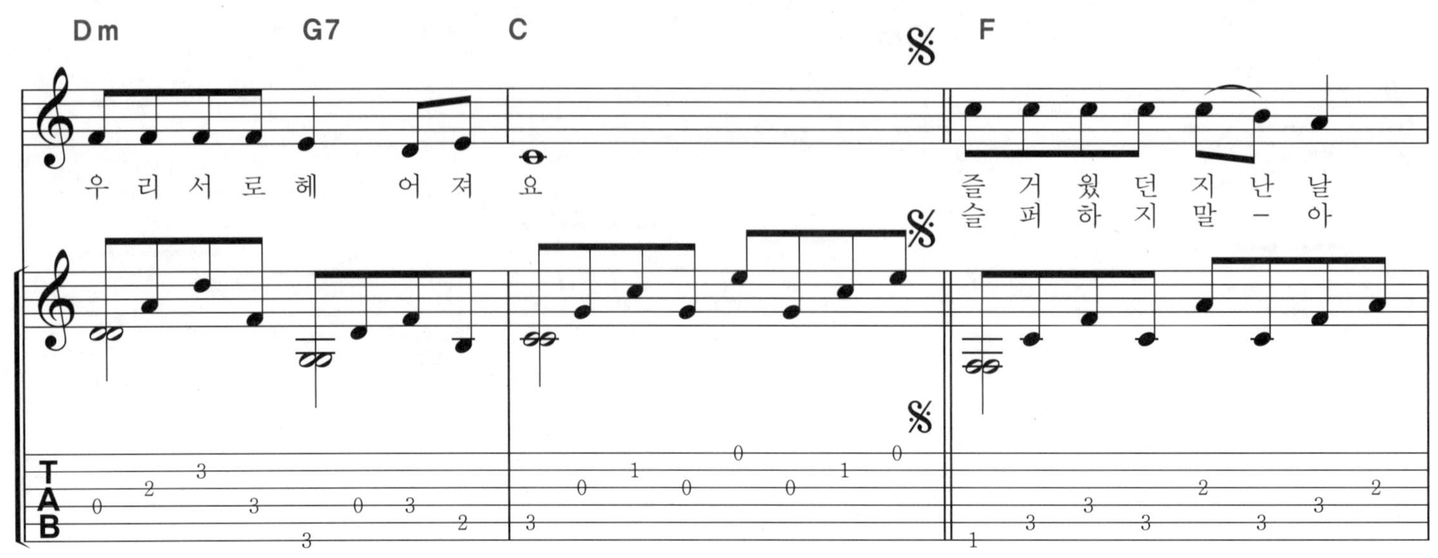
Dm   G7   C   F
우 리 서 로 헤 어 져 요
즐 거 웠 던 지 난 날
슬 퍼 하 지 말 – 아

F   G7
을
요
행 복 했 던 기 억 들   을
슬 퍼 하 며 지 내 기   엔

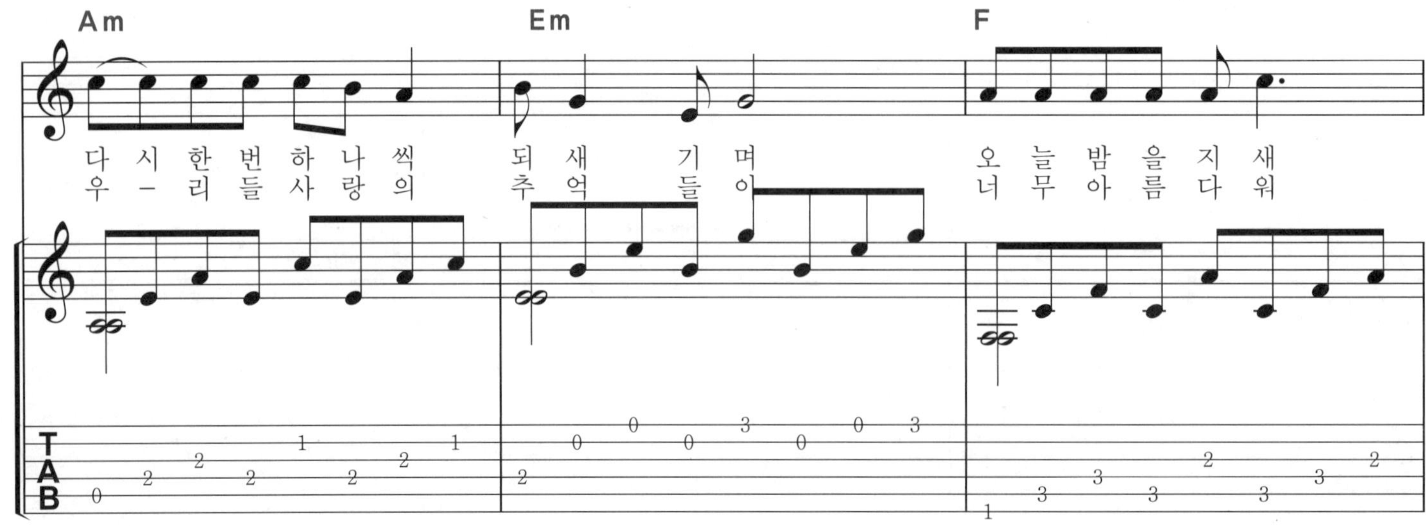
Am   Em   F
다 시 한 번 하 나 씩 되 새 기 며 오 늘 밤 을 지 새
우 – 리 들 사 랑 의 추 억 들 이 너 무 아 름 다 워

미니스커트와 장발단속 | 장발과 미니 스커트는 1970년대를 상징하는 하나의 문화 현상이다.
당시 길거리에서 가끔 볼수있었던 풍경 중의 하나는 가위를든 경찰과 실랑이를 벌이는 장발 청년의 모습이었다.
1975년에 만들어진 영화 "바보들의 행진"에도 이런 장면이 등장한다. 장발 단속에 걸린 주인공은 정신없이 도망치고 경찰은
뒤쫓는 모습이다.

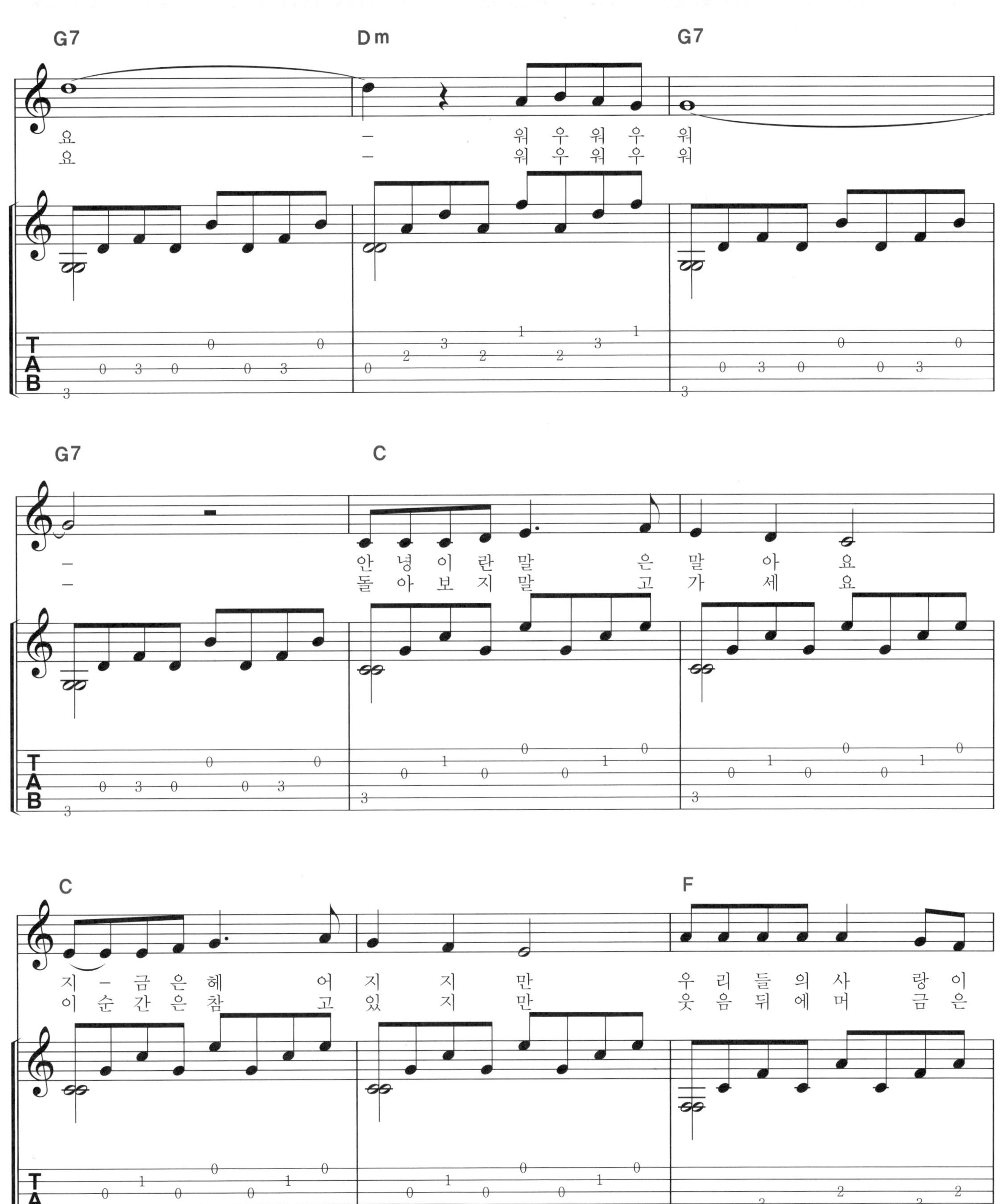

또 하나 실소를 금치 못하게 하는 풍경은 1970년대를 강타한 미니 스커트의 열풍이었다. 그 당시 사회에서는 그것을 여과 없이 수용할 분위기가 아
니었기 때문에 장발과 마찬가지로 미니스커트도 단속의 대상이 되었다. 경찰은 길거리에서 30cm 자를 들고 지나가는 미니스커트의 여성을 불러 세
우고 무릎에서부터의 길이를 쟀다.

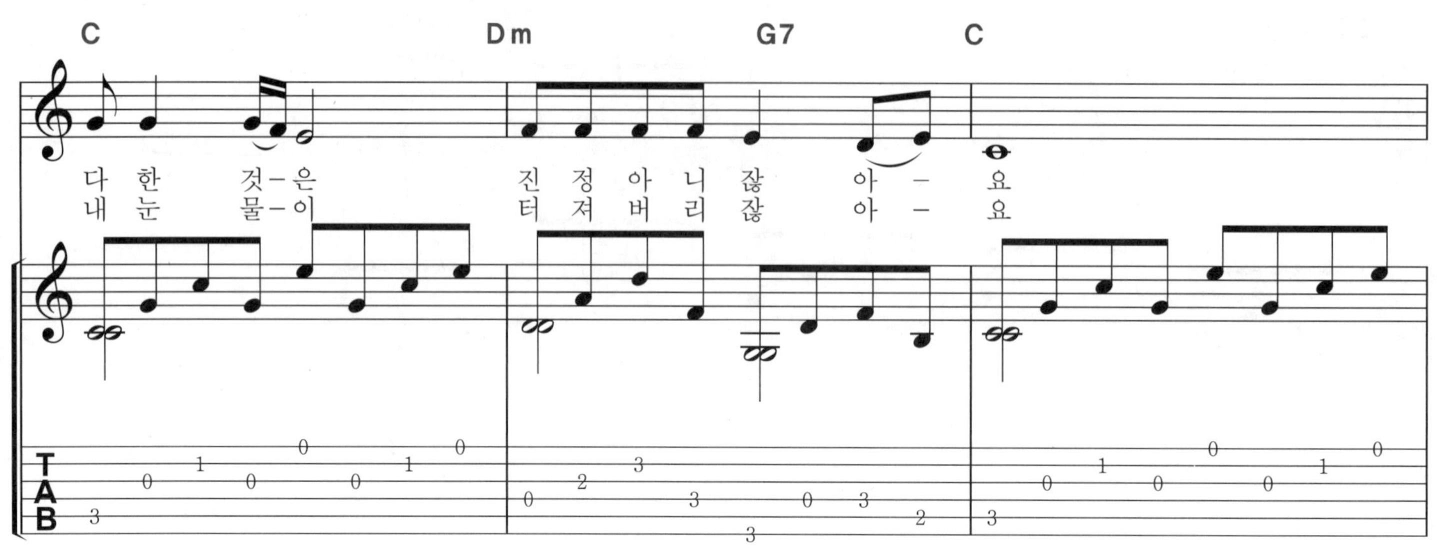

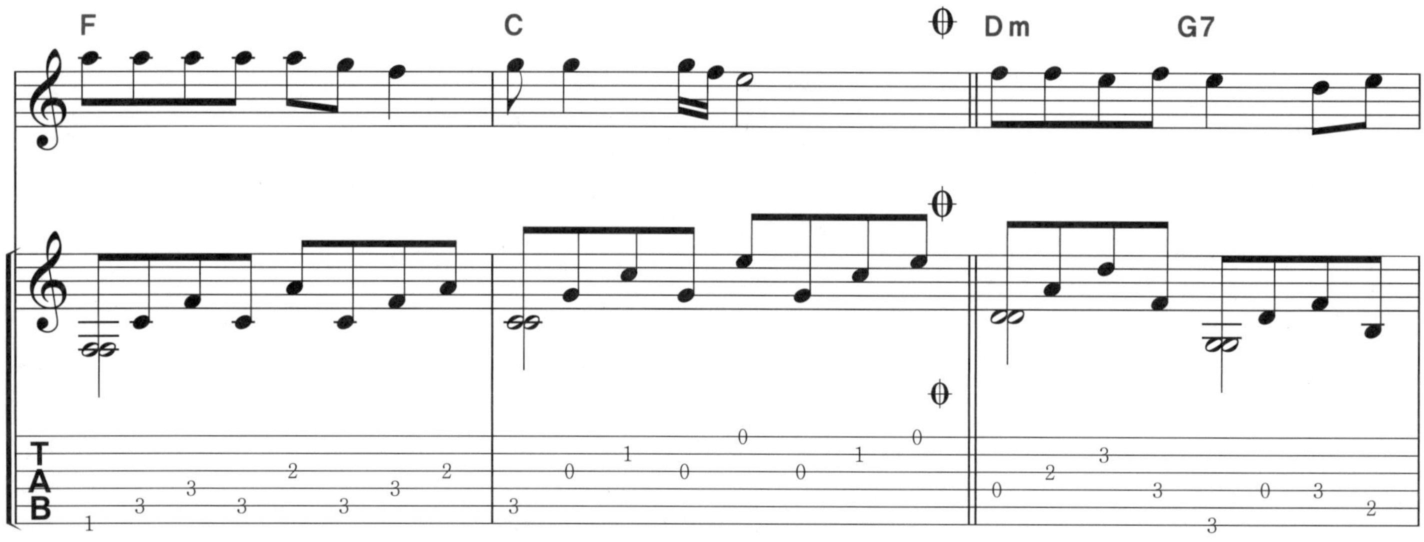

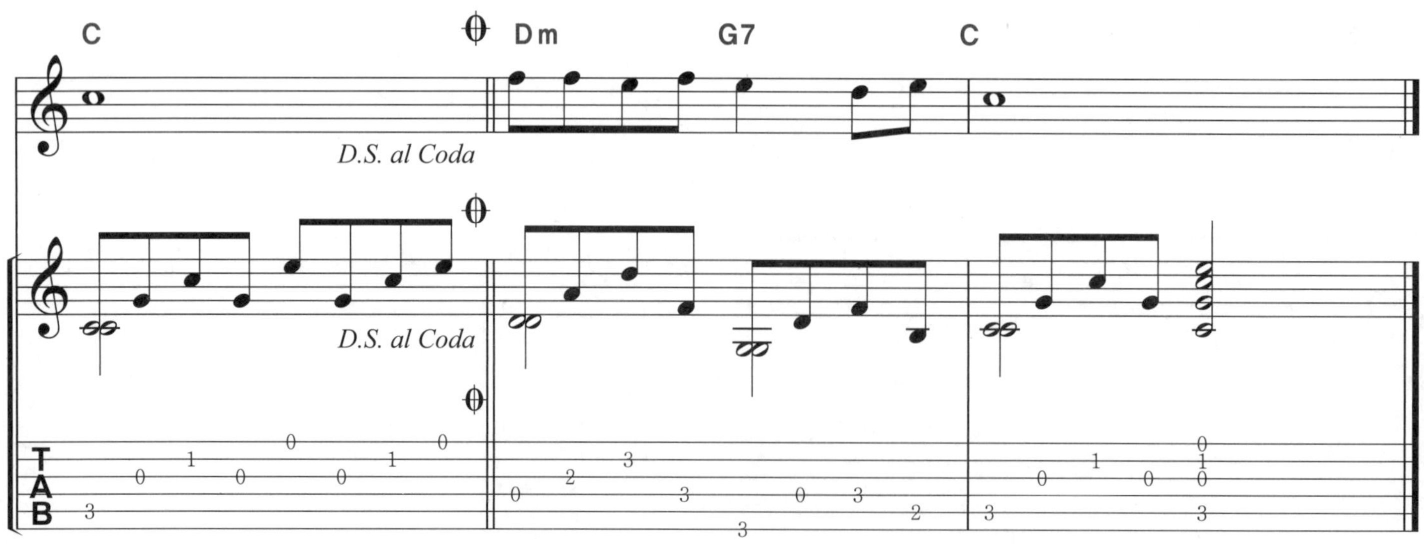

그대 있음에

작사 | 김남조   작곡·노래 | 송창식

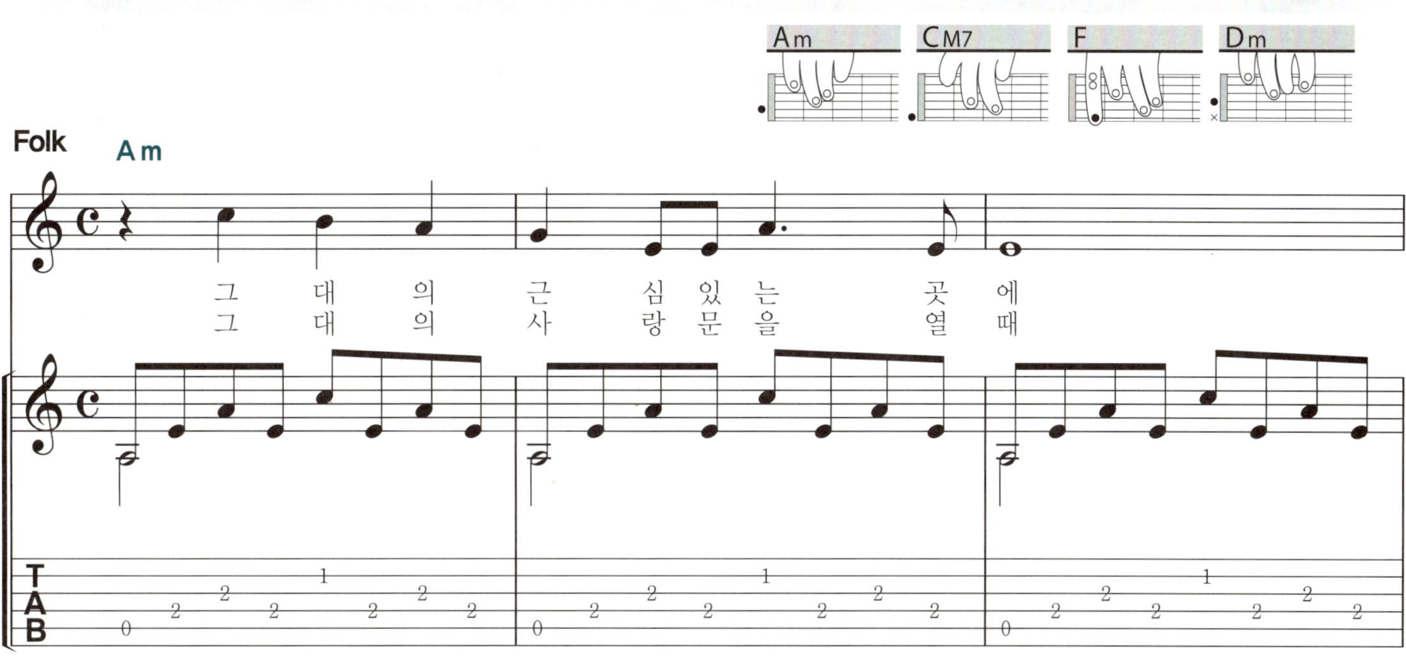

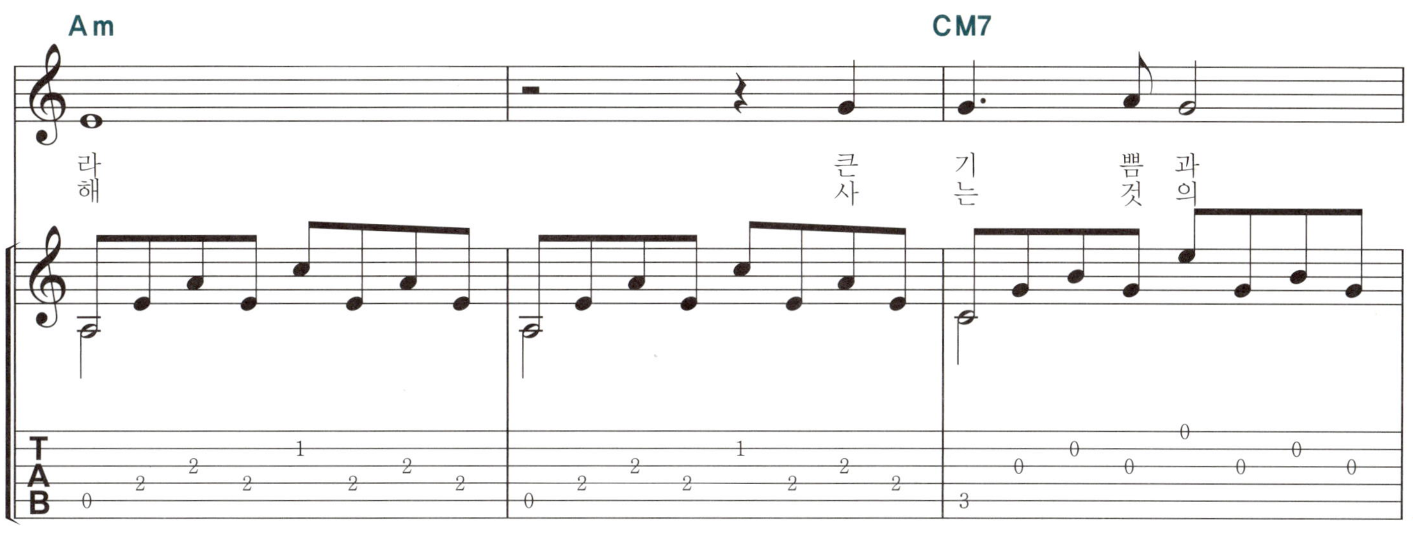

CM7
F
조 용 한 갈 망 이 그 대
외 롭 고 고 단 한 그 대
CM7
Dm
F
CM7
Dm
있 음 에 —
있 음 에 —
나 의 마 음 에 자 라 거 우
사 — 랑 의 뜻 을 배 우
C
CM7
FM7
늘
니
오 — 오

FM7
TAB

FM7
TAB

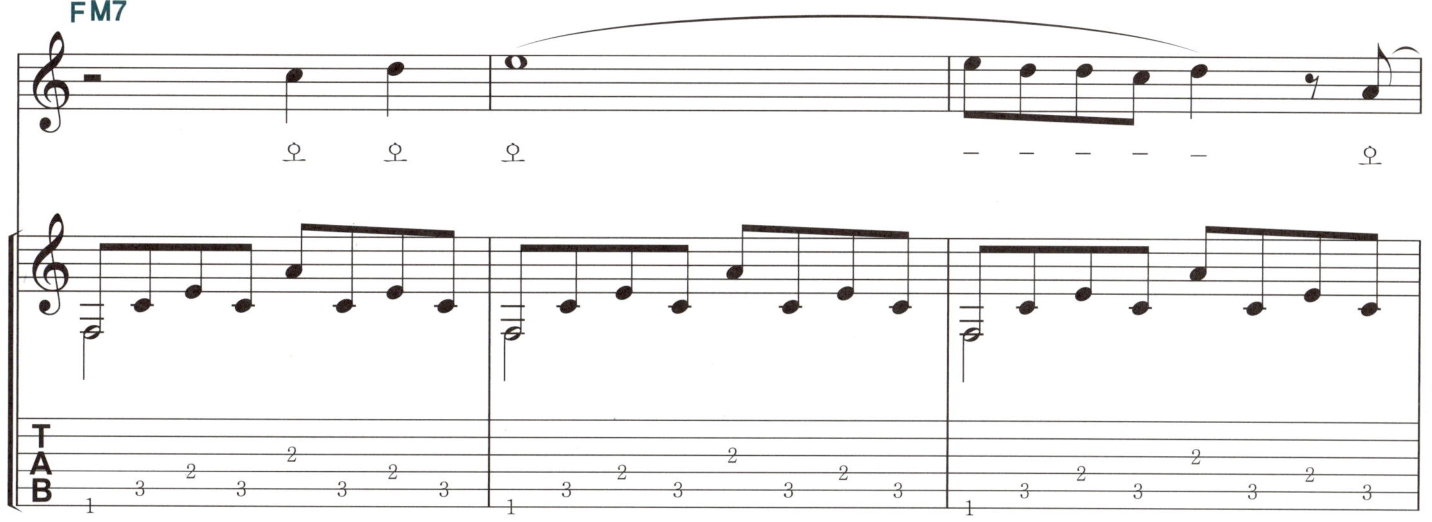

FM7
TAB

FM7
B♭M7
그 리 운

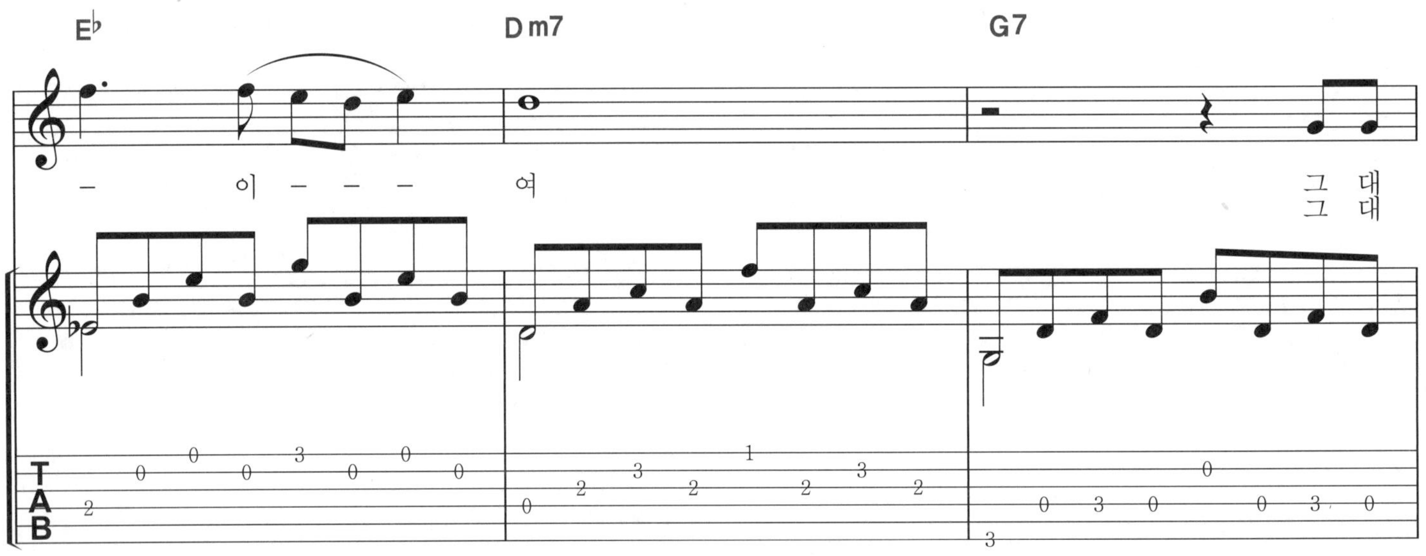
E♭
Dm7
G7
이 여
그 대
그 대

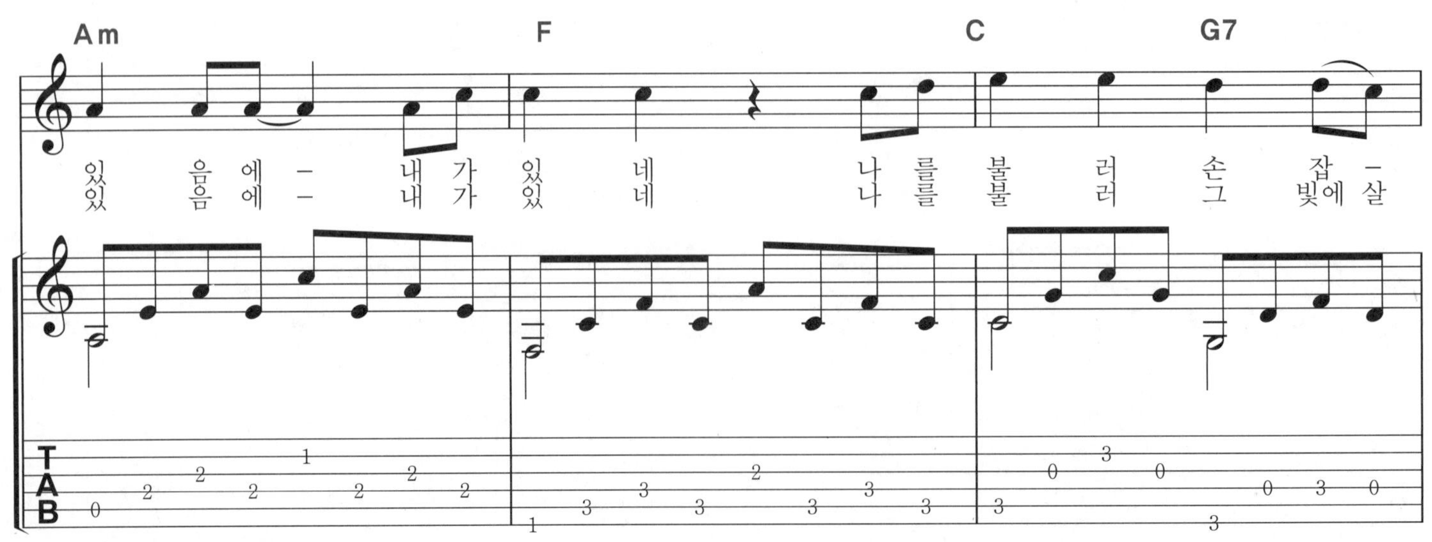
Am
F
C
G7
있 음 에 내 가 있 네
있 음 에 내 가 있 네
나 를 불 러 손 잡 아
나 를 불 러 그 빛 에 살

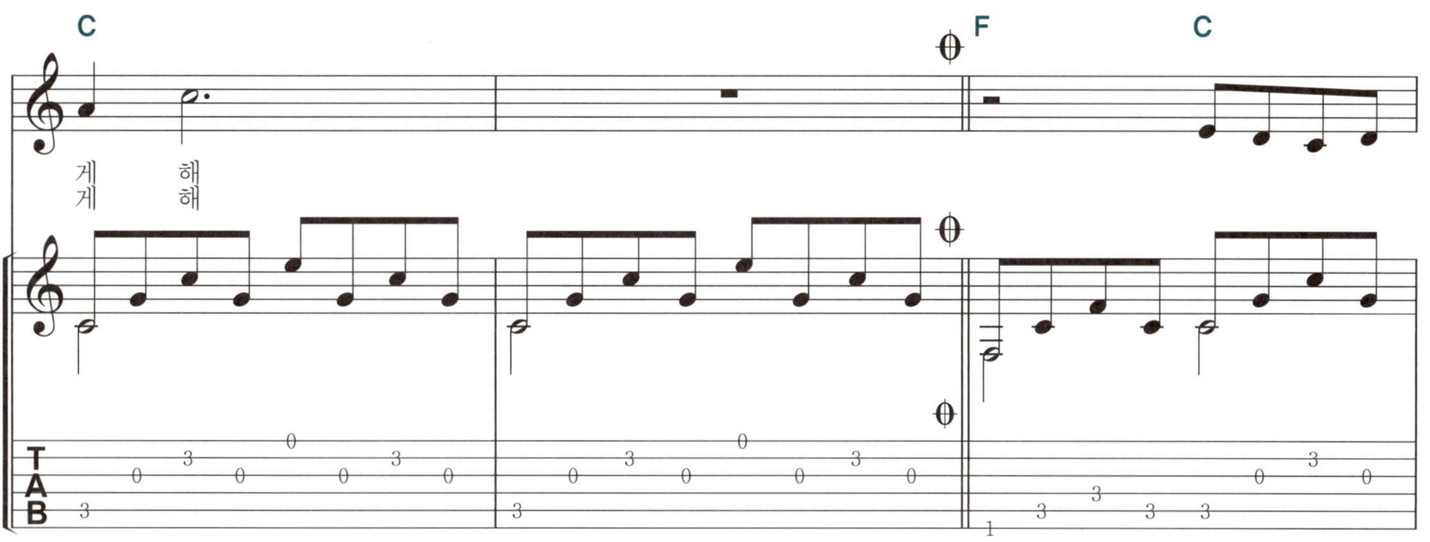

C
F
C
게 해
게 해
TAB

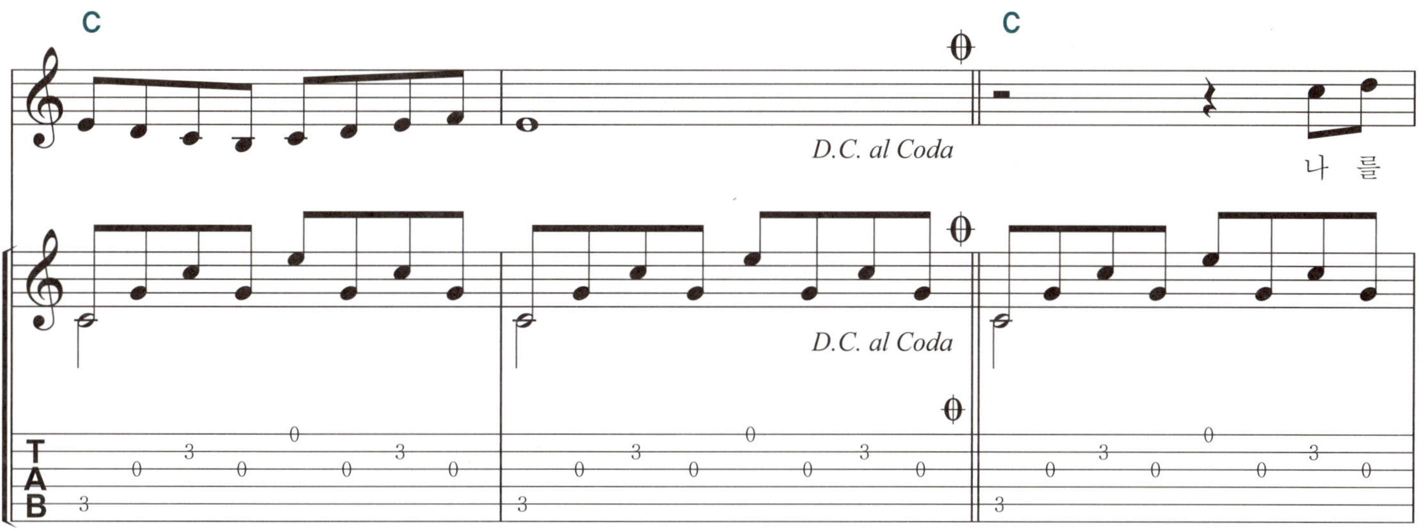

C
C
D.C. al Coda
나 를
D.C. al Coda
D.C. al Coda
TAB

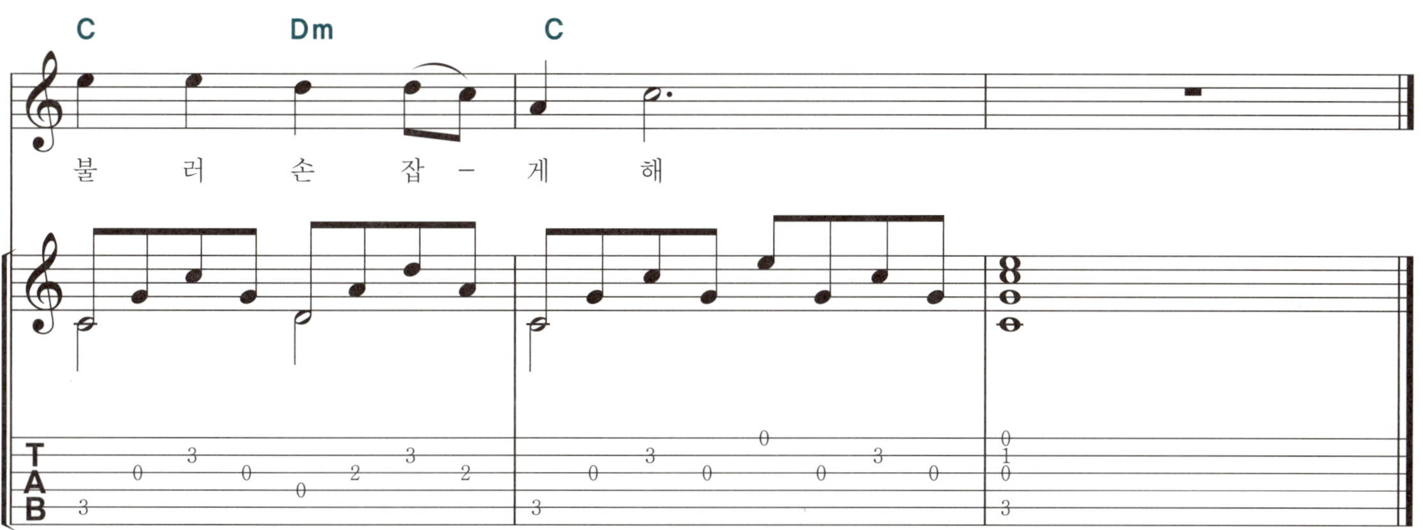

C
Dm
C
불 러 손 잡 게 해
TAB

애인

Slow Go Go

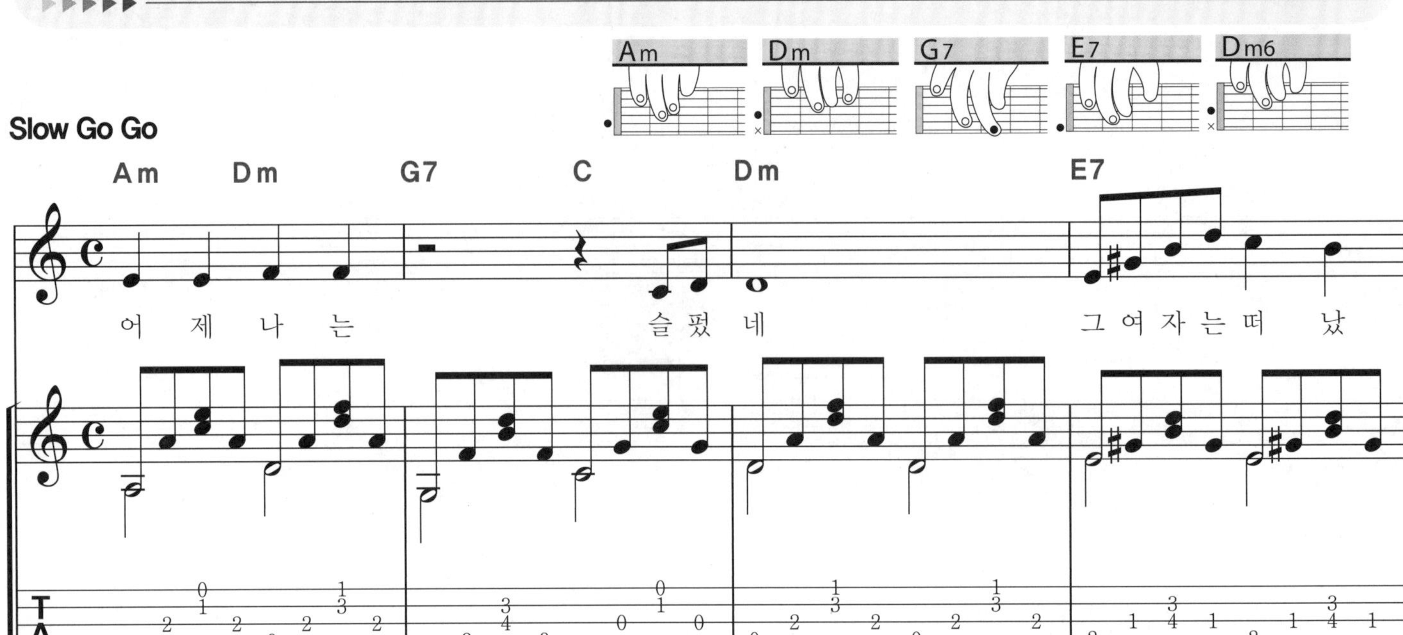
Am
Dm
G7
E7
Dm6
Am Dm G7 C Dm E7
어 제 나 는 슬 펐 네 그 여 자 는 떠 났

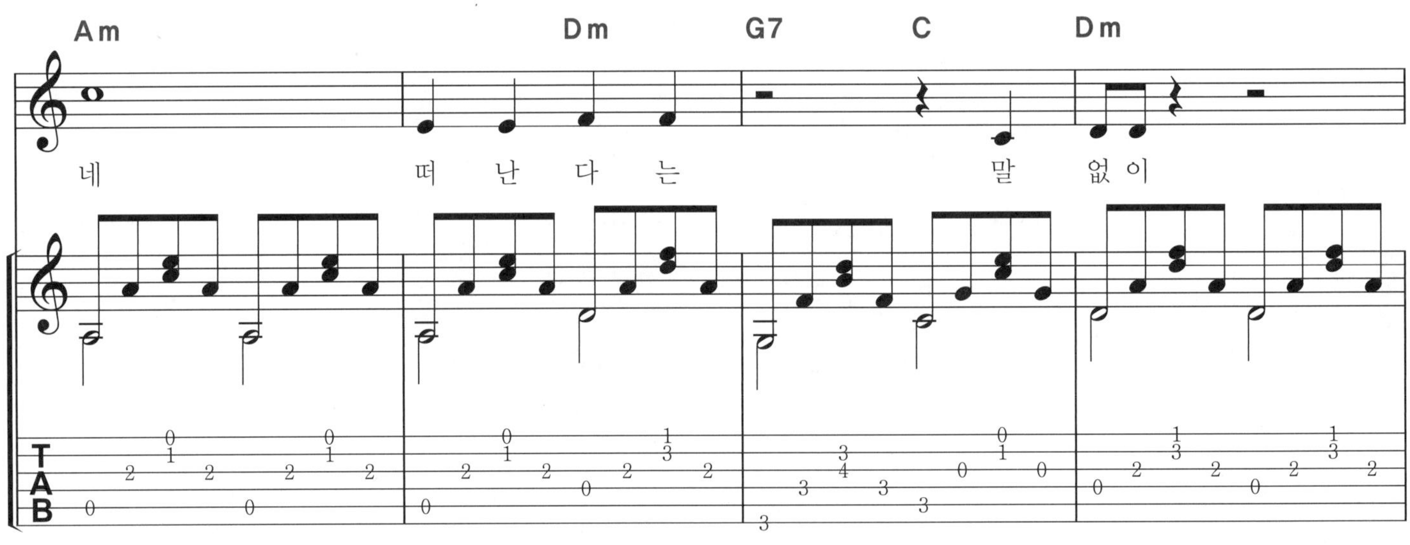
Am Dm G7 C Dm
네 떠 난 다 는 말 없 이

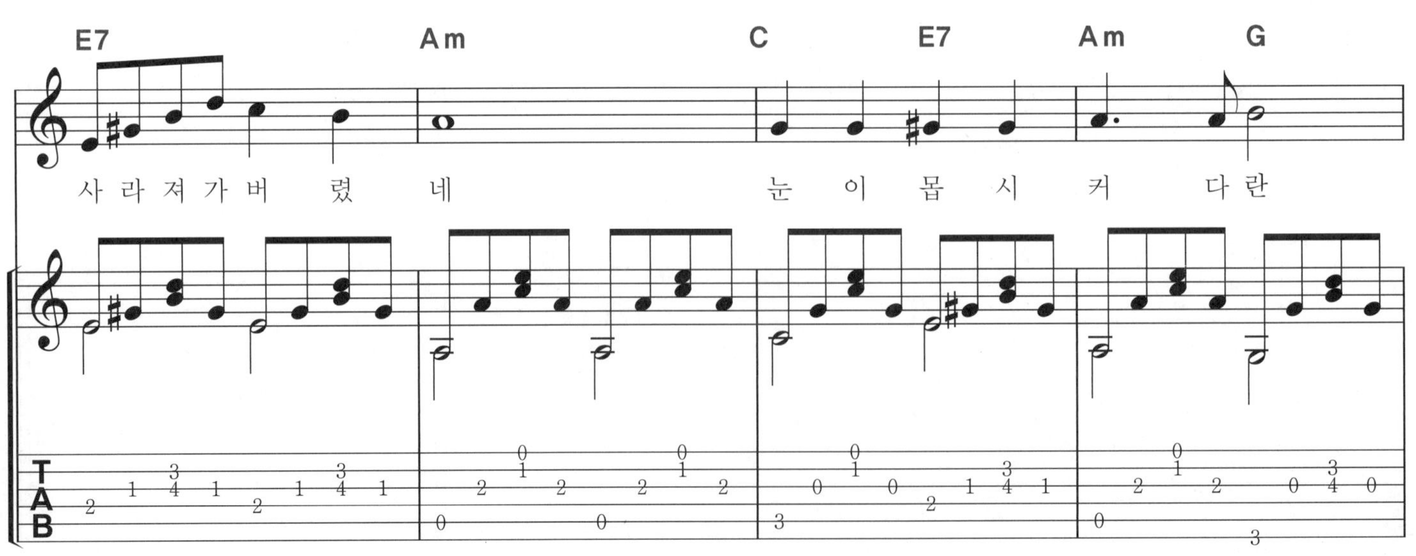
E7 Am C E7 Am G
사 라 져 가 버 렸 네 눈 이 몹 시 커 다 란

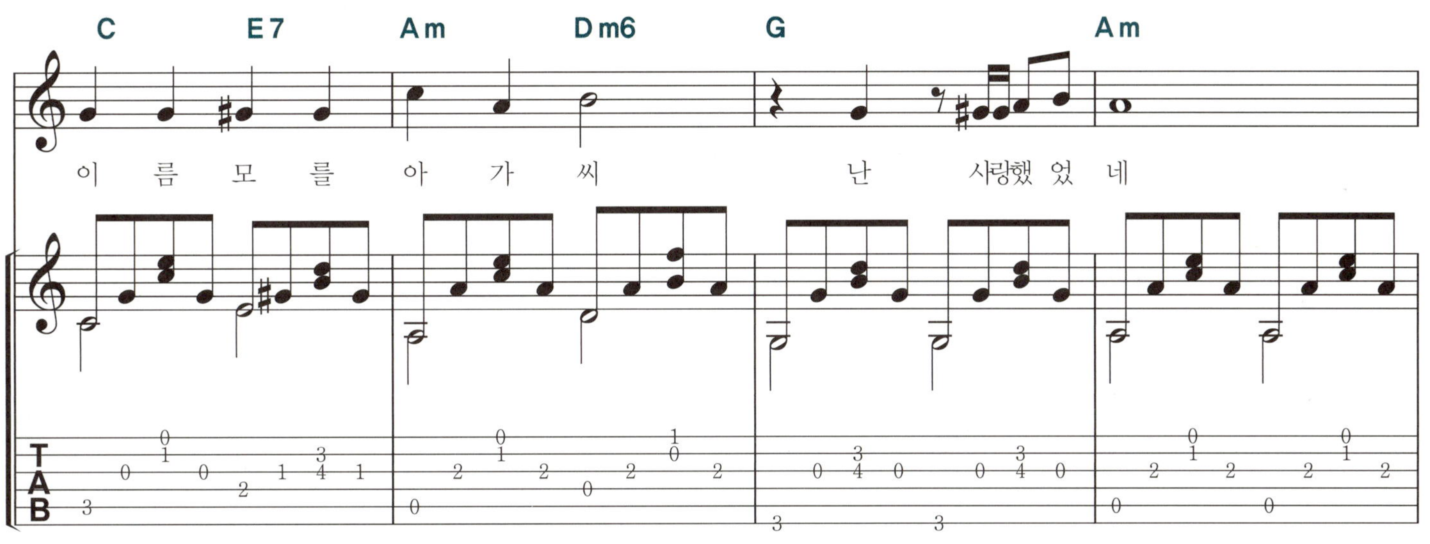

C   E7   Am   Dm6   G   Am
이 름 모 를 아 가 씨   난   사랑했 었 네

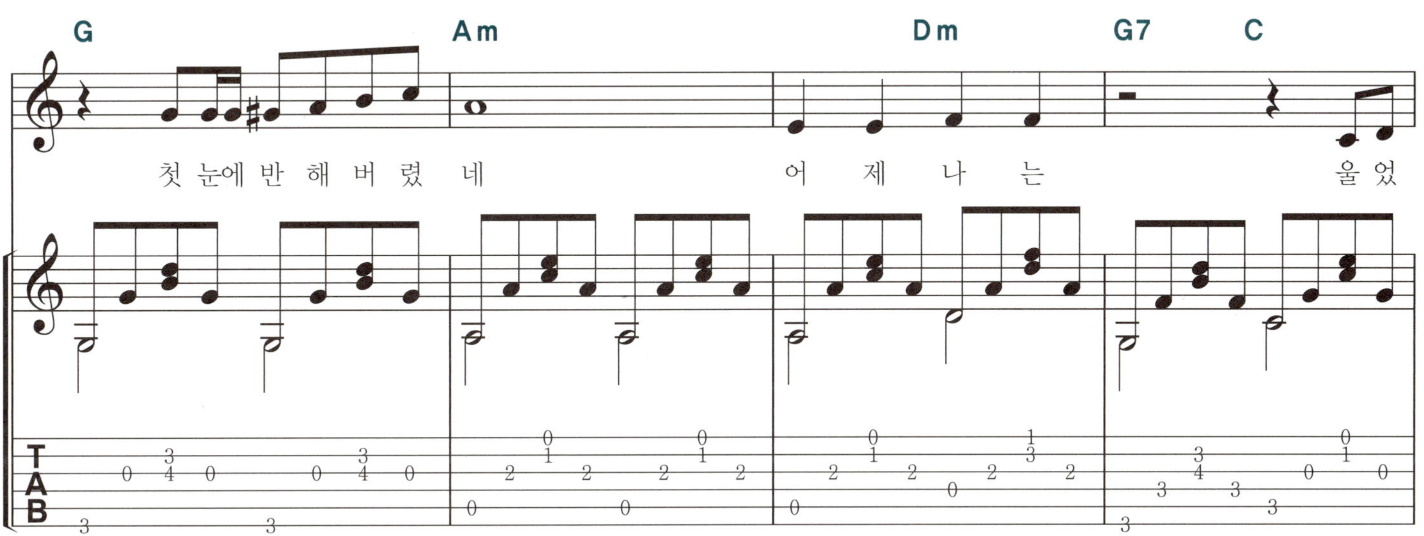

G   Am   Dm   G7   C
첫 눈에 반 해 버 렸 네   어 제 나 는   울었

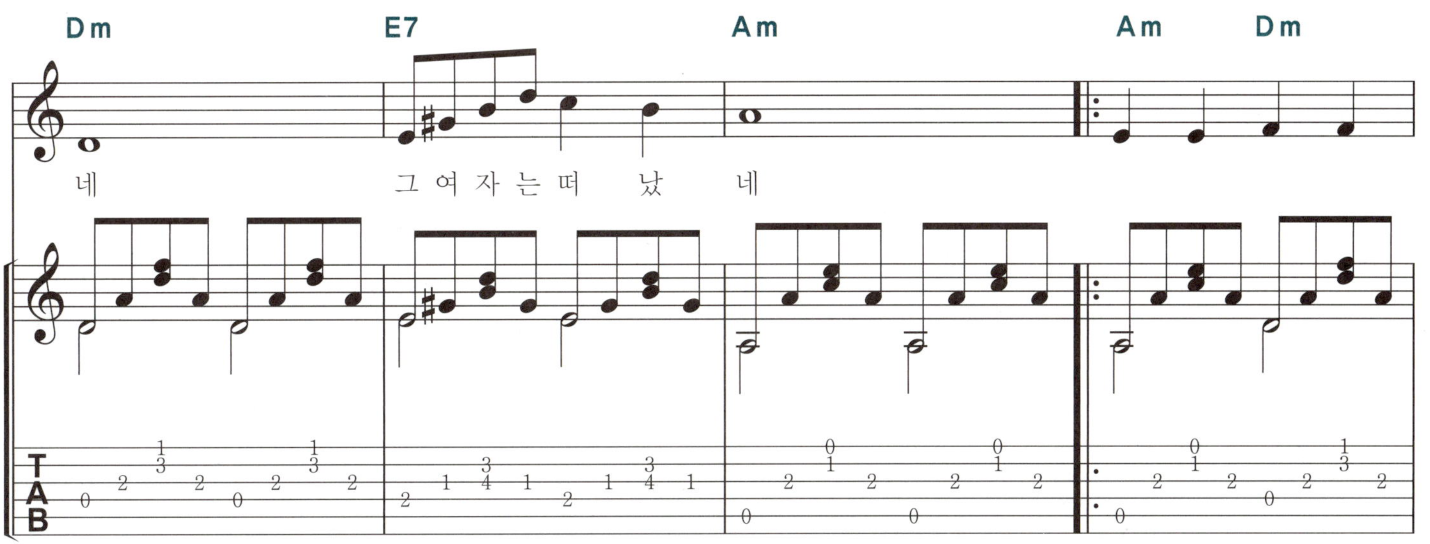

Dm   E7   Am   Am   Dm
네   그 여 자 는 떠 났 네

통행금지해제 | 1982년 1월 5일 새벽 4시를 기해 1945년 9월부터 37년간 계속된 야간 통행금지 조치가 일부 전방의 접적지역과 후방 해안지역을 제외한 전국에서 일제히 해제되었다. 이로써 그 동안 유보되었던 국민의 권리가 회복되었고, 인신 자유의 구속 수단이 줄어들었으며, 한국 사회는 군사정권의 획일적이고 억압적인 사회에서 다양화 사회로 나아갈 수 있는 첫걸음의 발판을 마련하였다.

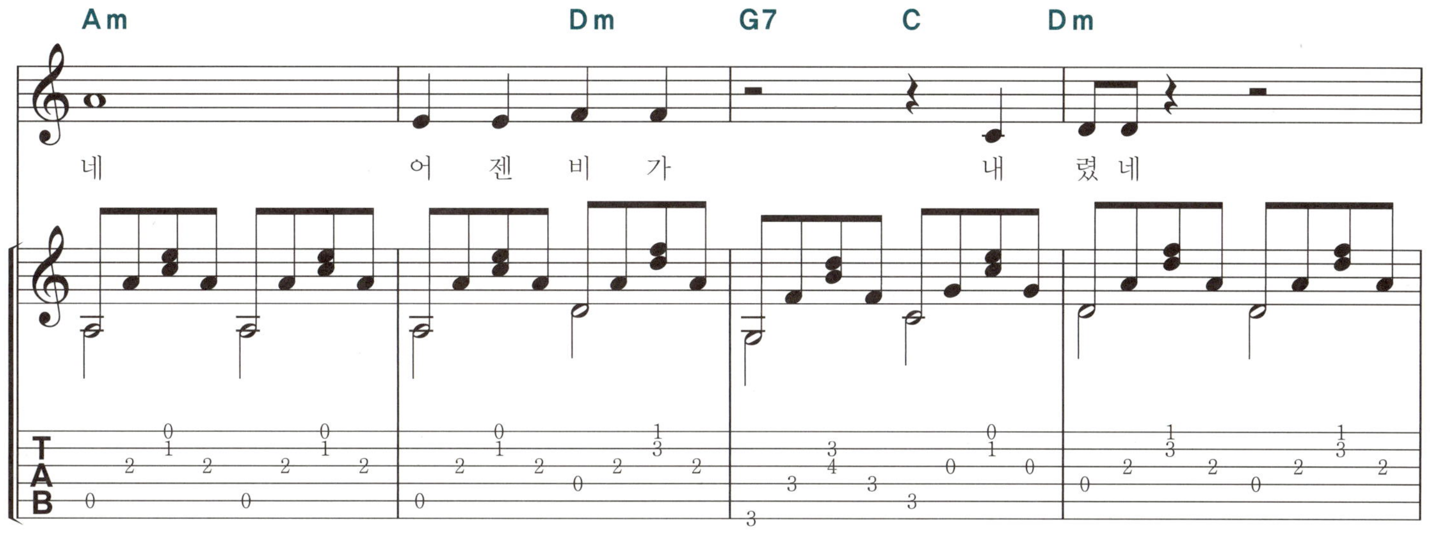

Am   Dm   G7   C   Dm
네   어 젠 비 가   내 렸 네

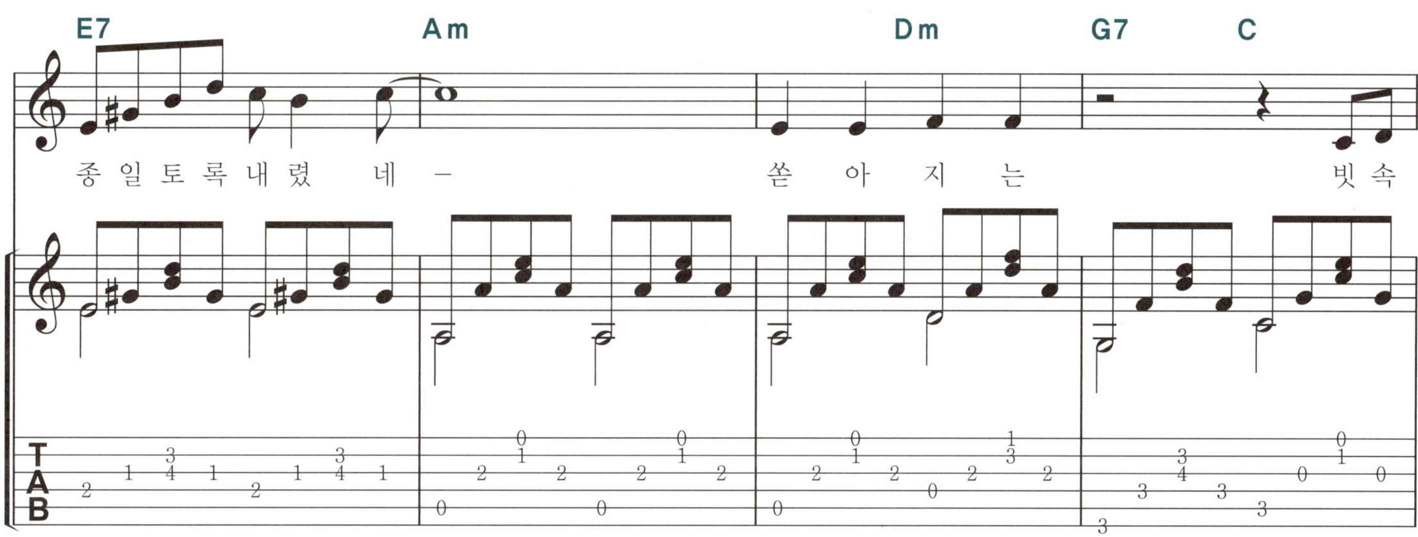

E7   Am   Dm   G7   C
종 일 토 록 내 렸 네 ─   쏟 아 지 는   빗 속

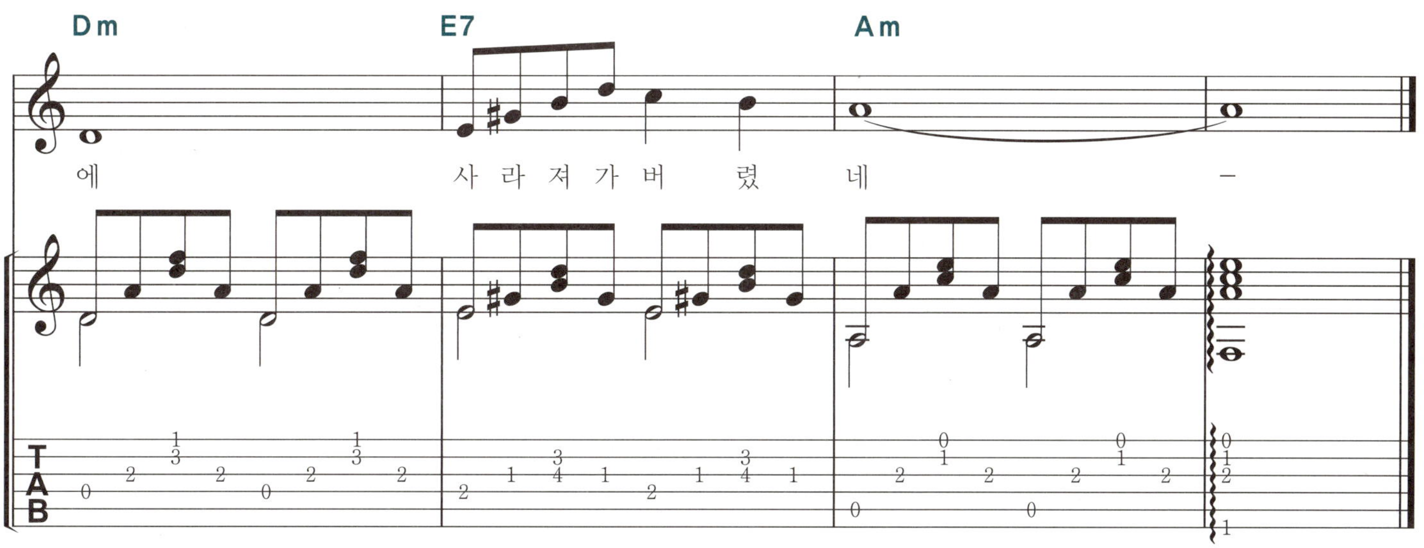

Dm   E7   Am
에   사 라 져 가 버 렸 네   ─

한 사람

작사·작곡 | 이주원　노래 | 양희은

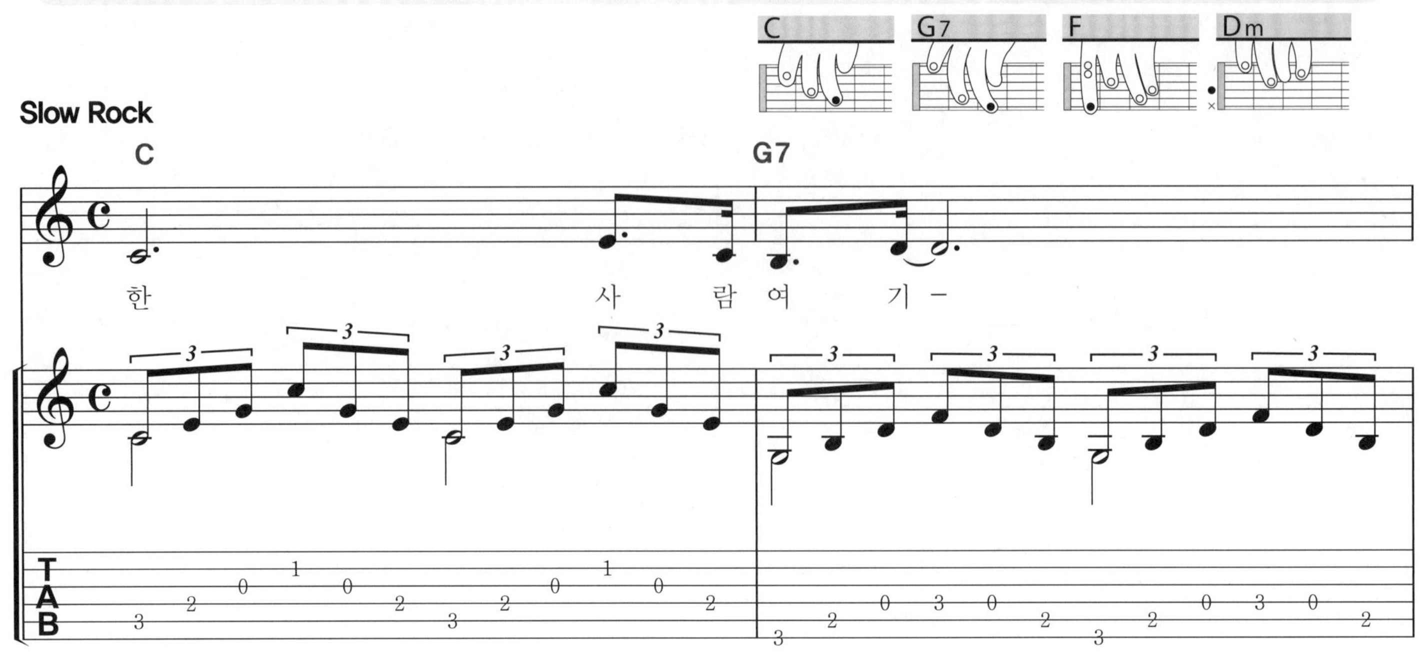

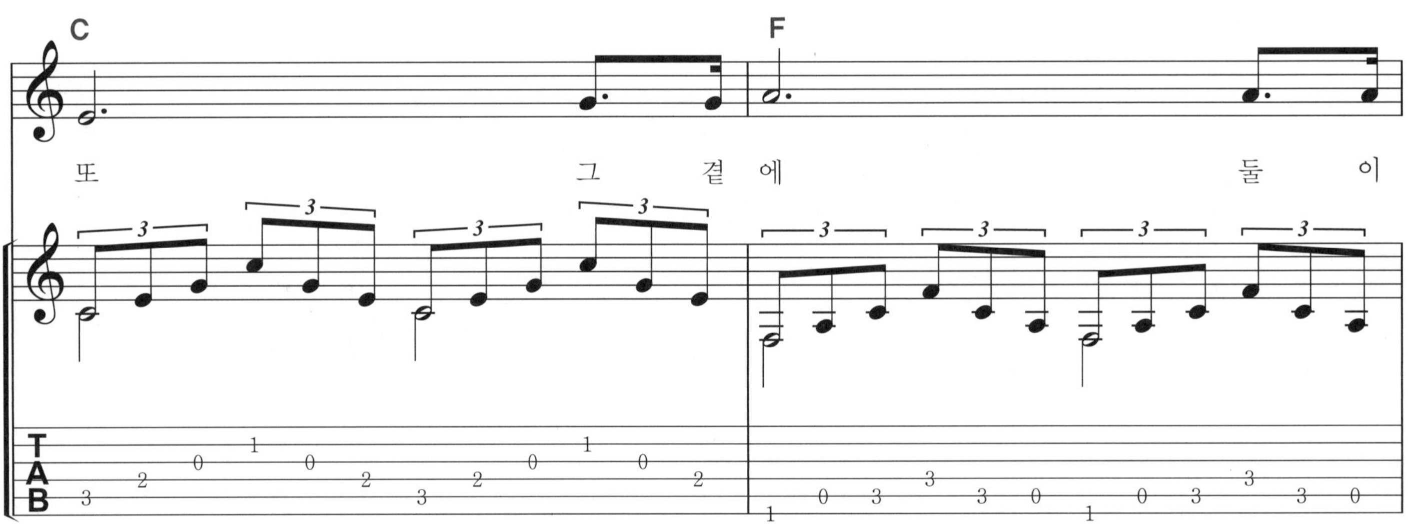

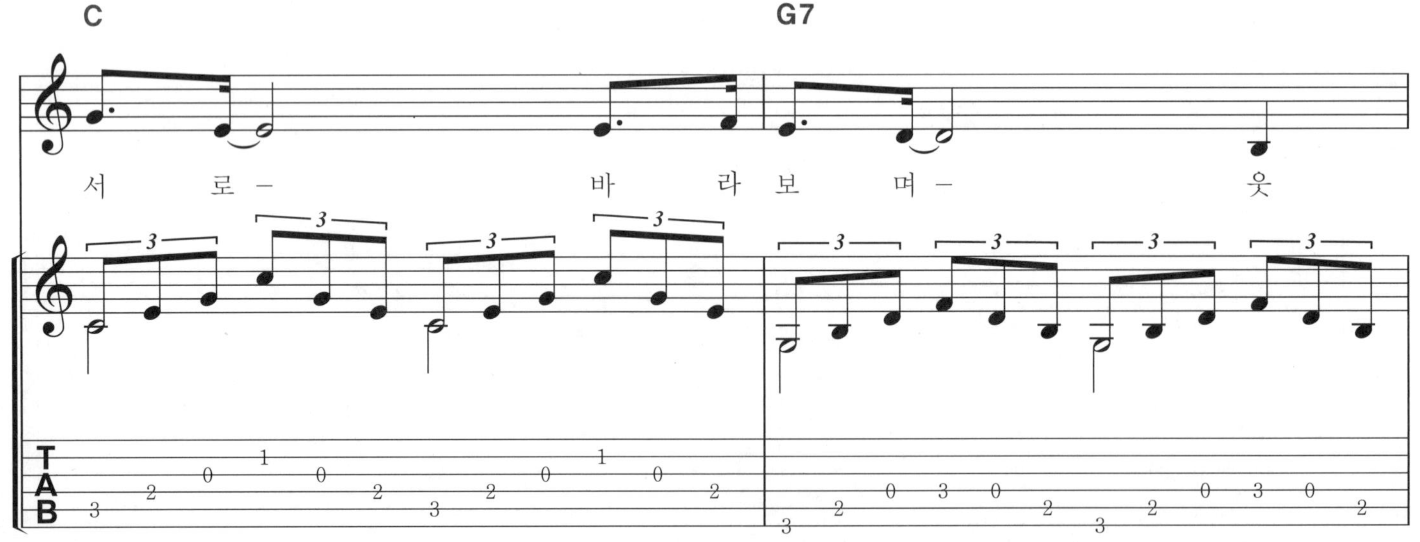

C
네

C
F
한 사 람 곁 에

Dm
G7
C
또 한 사 람 둘 이 좋 아

G7
C
G7
해
긴
세 월 지 나 -

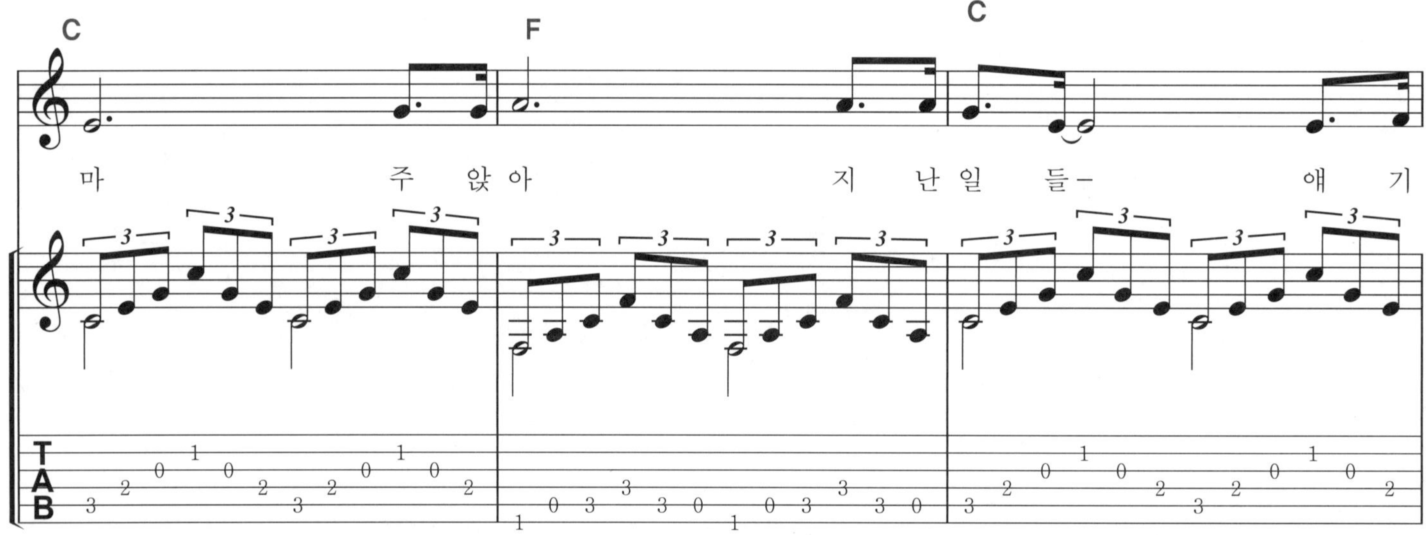
C
F
C
마
주 앉 아
지 난 일 들 -
애 기

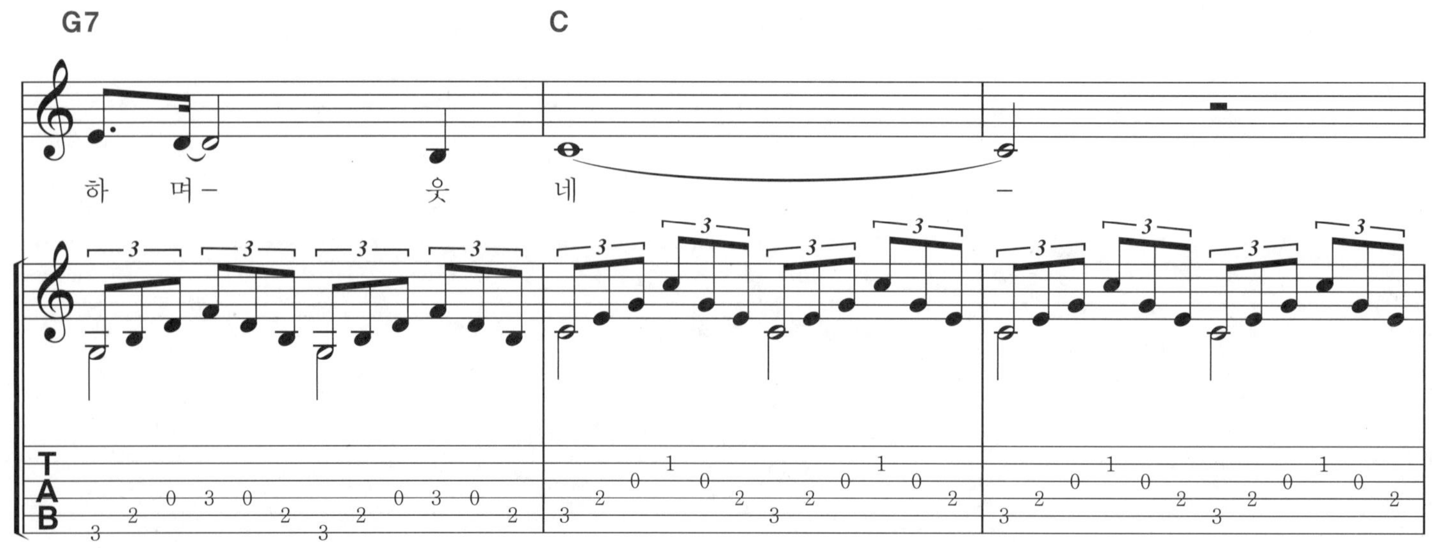
G7
C
하 며
웃 네
-

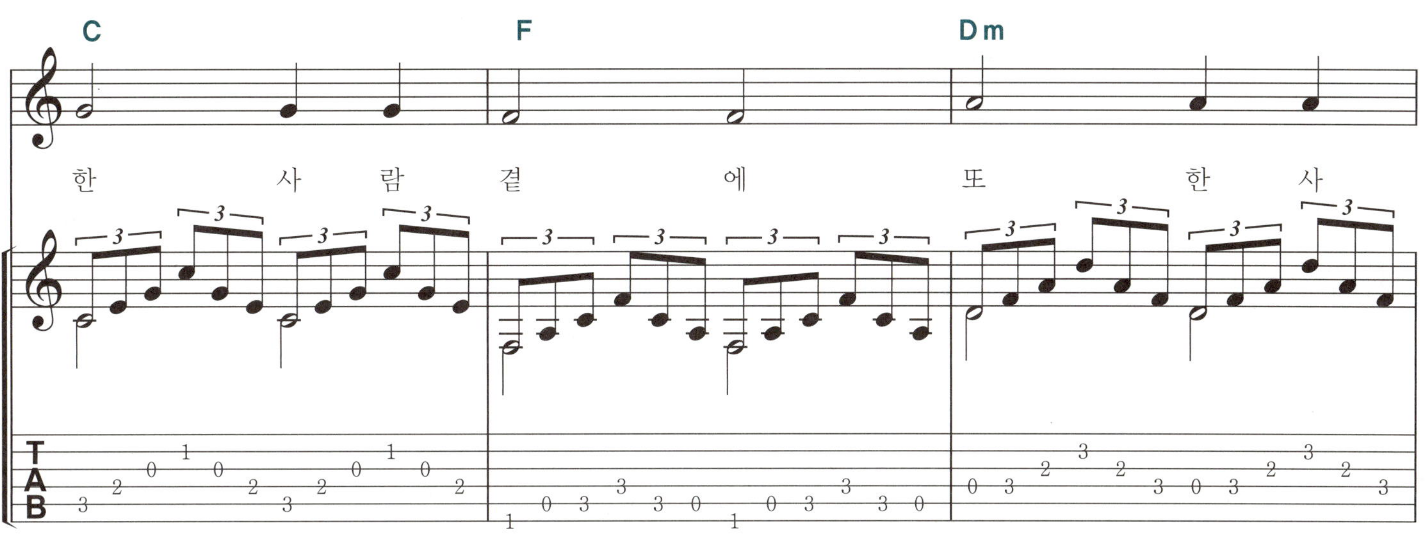
C   F   Dm
한   사 람 곁   에   또   한 사

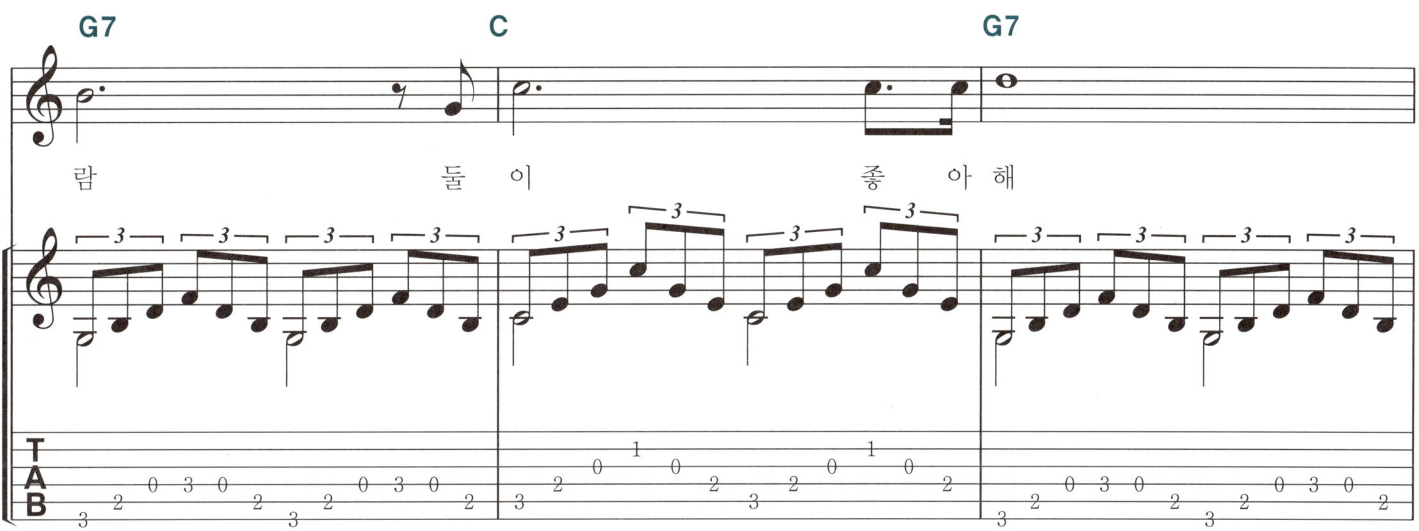
G7   C   G7
람   둘 이   좋 아 해

C   G7   C
긴   주   세 월지 나-   마   주 앉

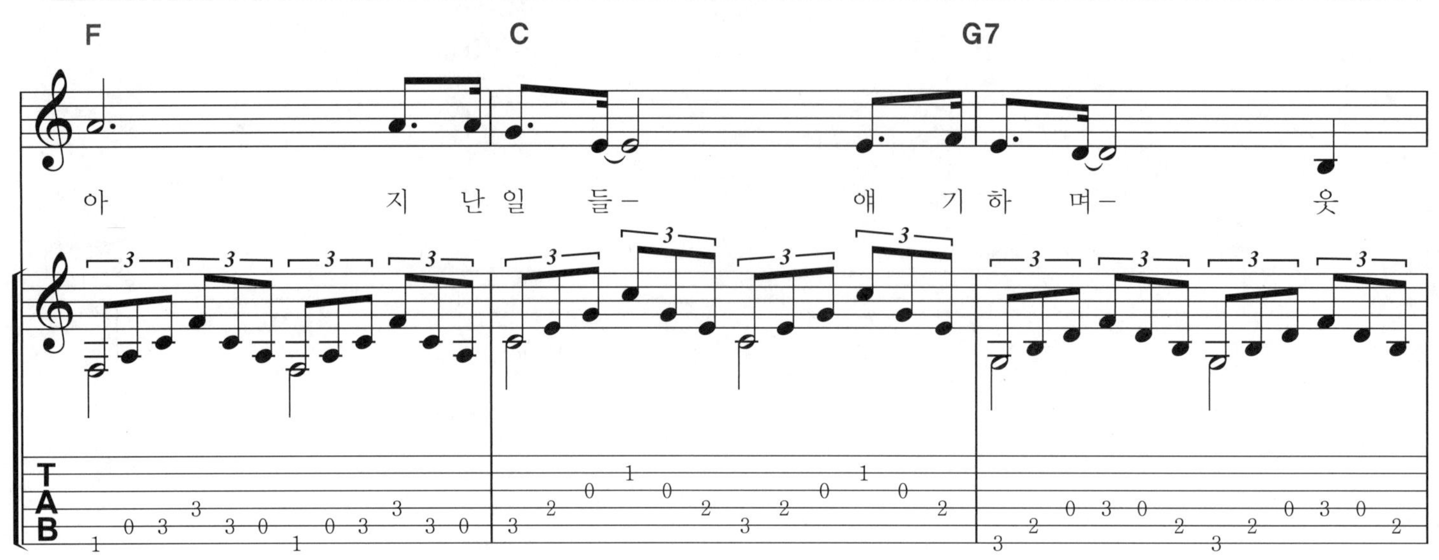
F
C
G7
아 지 난 일 들— 애 기 하 며— 웃

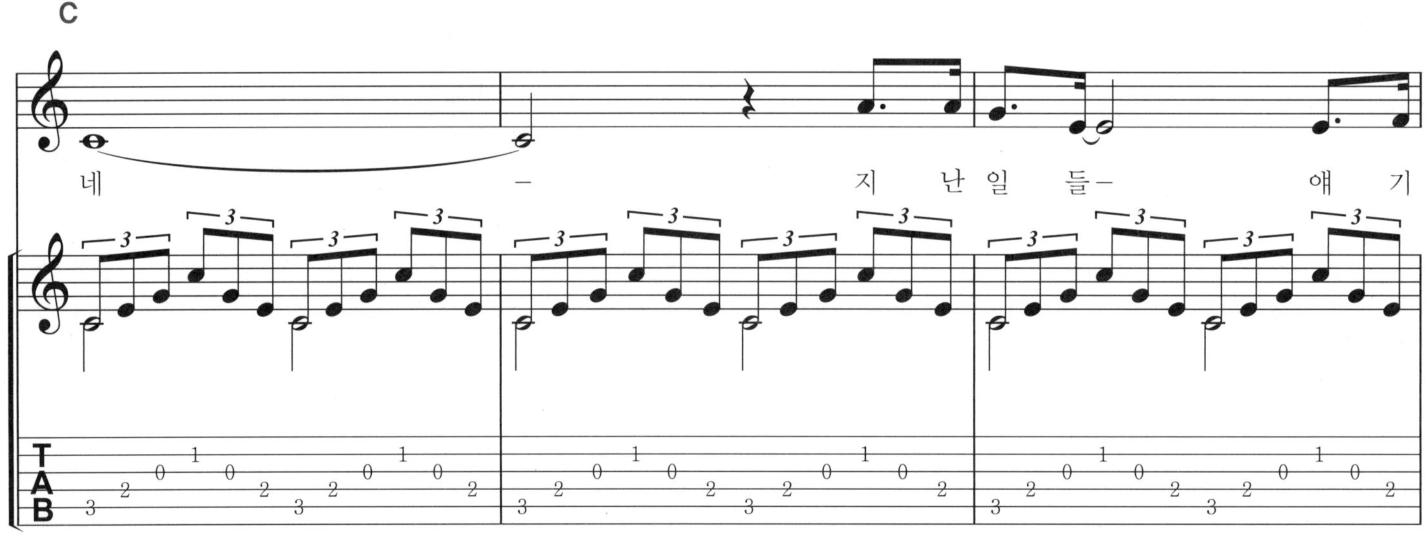
C
네 — 지 난 일 들— 애 기

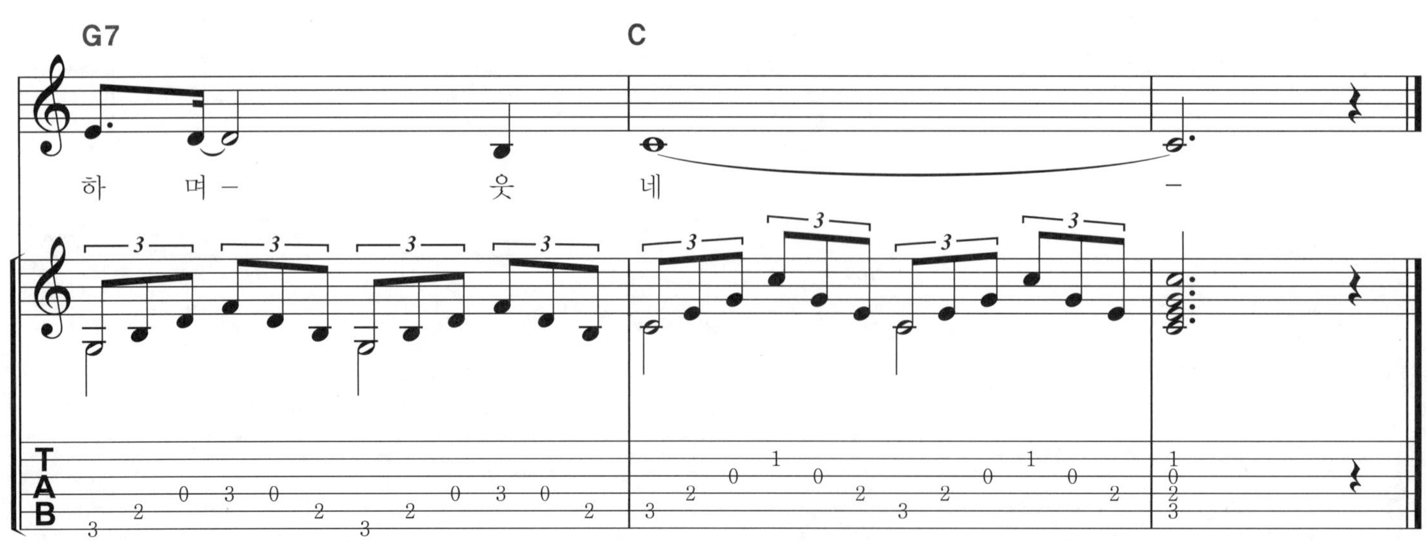
G7
C
하 며— 웃 네 —

바보

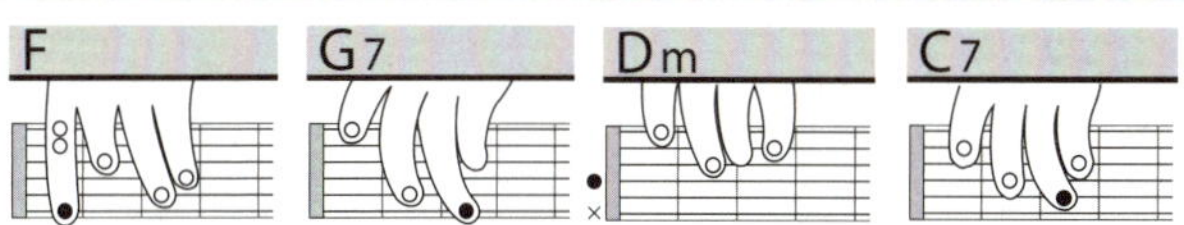

Slow Go Go

나 이젠 다시 볼 수 가 없어요
당신 을 떠나 갑 니 다 - 설마 나 를 두 고 갈 까 다 -
신 못 만 날 까 내 가 그 렇게 도 좋 아 -

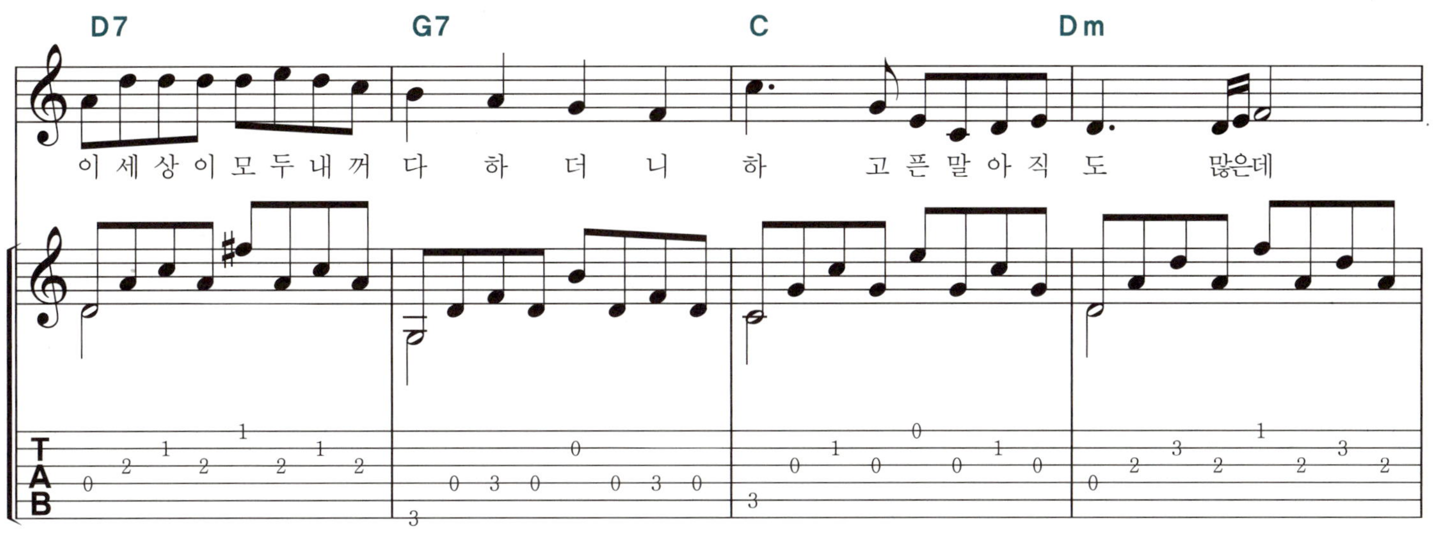

D7 G7 C Dm
이 세 상 이 모 두 내 꺼 다 하 더 니 하 고 픈 말 아 직 도 많은데

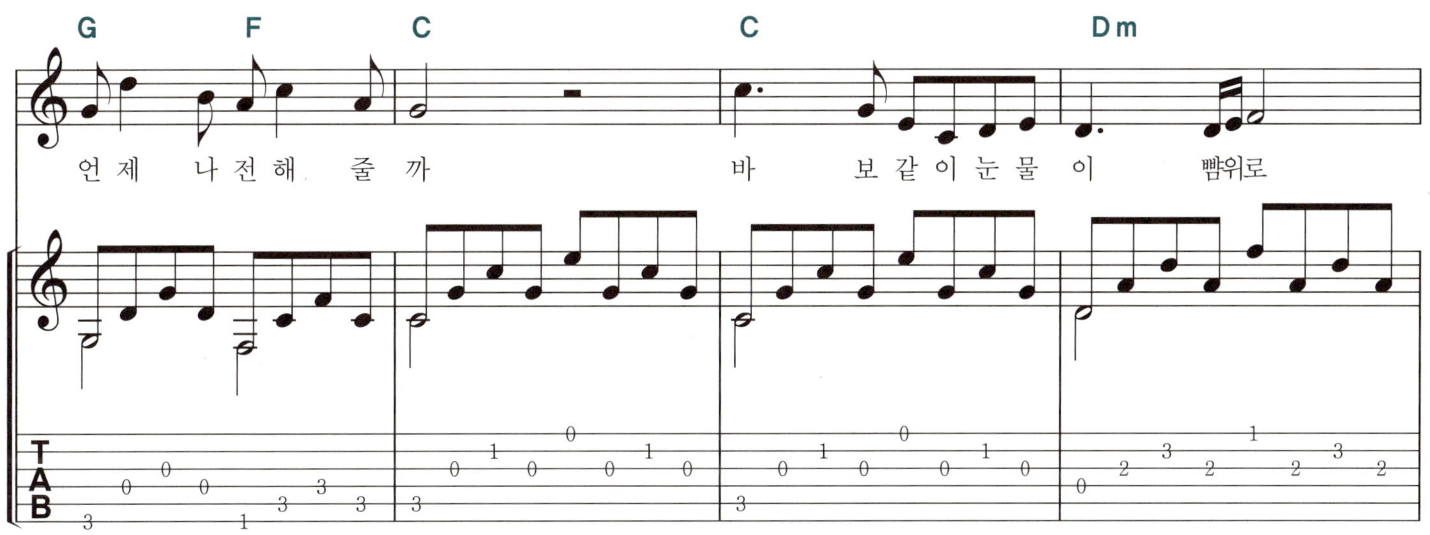

G F C C Dm
언 제 나 전 해 줄 까 바 보 같 이 눈 물 이 뺨 위 로

G F C G F C
자 꾸 만 흘 러 내 리 네 – 자 꾸 만 흘 러 내 리 네 –

맨 처음 고백

작사·작곡·노래 | 송창식

Dm G7 Am Dm7
Slow Rock
C Dm G7
말을해 도좋을 까
사 랑하 고있 다

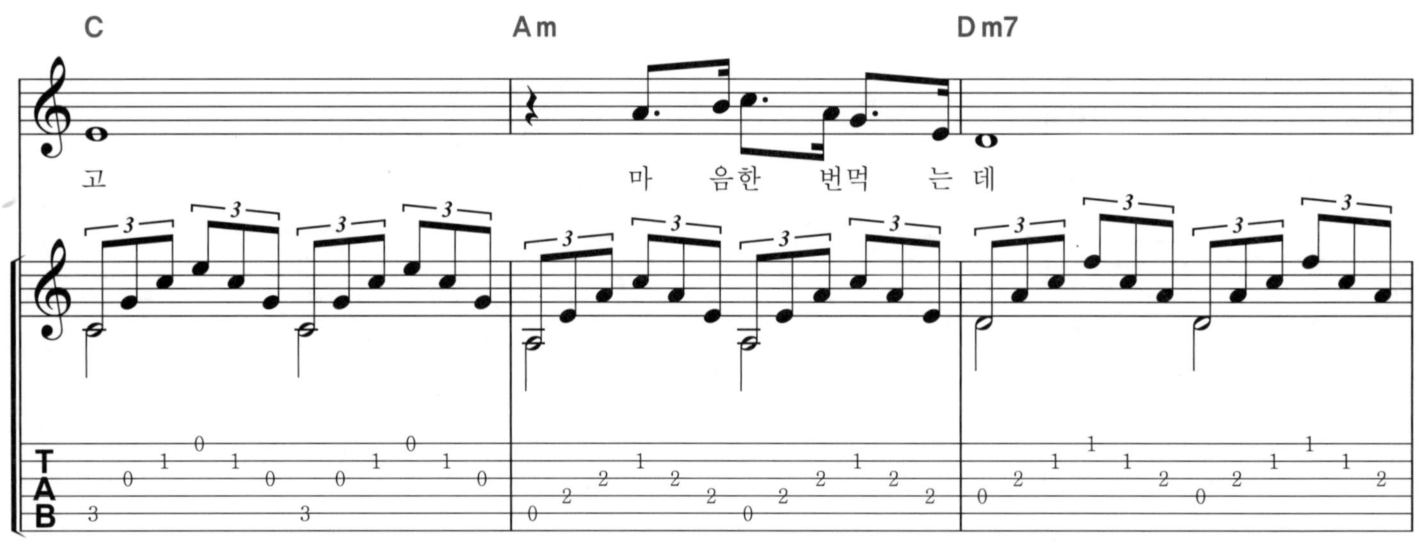

C Am Dm7
고
마 음한 번먹 는 데

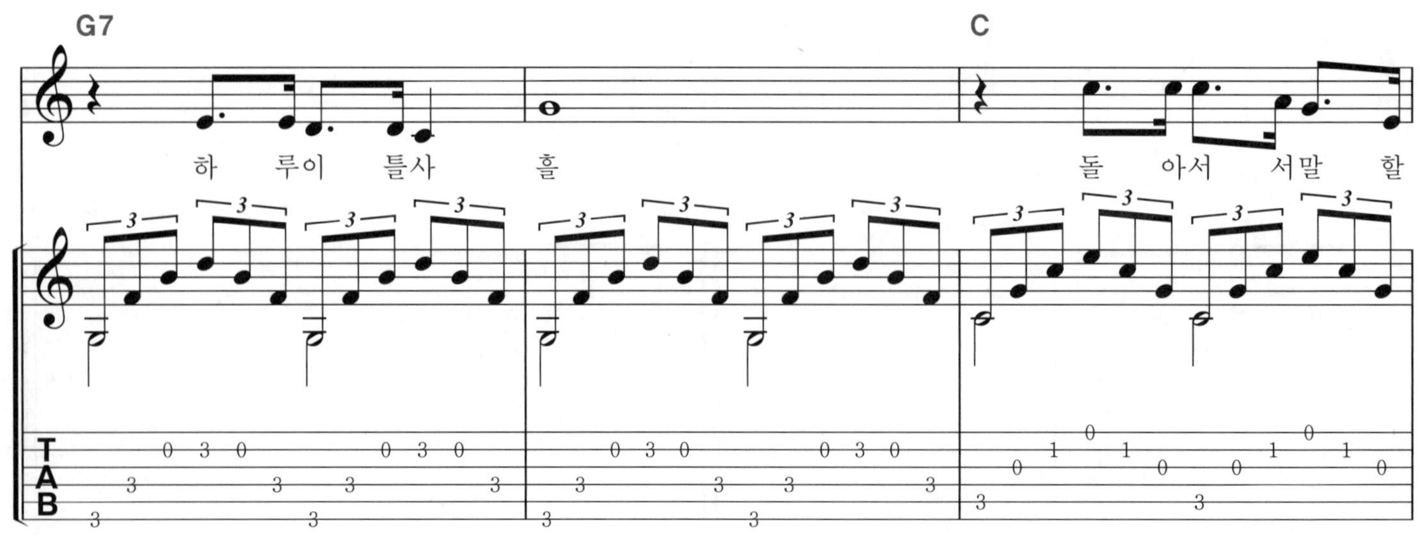

G7 C
하 루이 틀사 흘
돌 아서 서말 할

Dm
G7
C
까
마 주서 서말 할까

Am
Dm7
G7
이 런저 런생 각에
일 주일 이주

C
C
Am
E7
일
맨 처 음 고 백은
Fine

7080세대 | 1970년대와 80년대에 대학 생활을 하며 20대를 보낸 세대로, 암울한 정치사회적 분위기에서 낭만 속으로 도피하여 청년기를 보냈다. 이들은 군사독재 정치 상황이 불러온 휴교 조치 속에서 디제이가 있는 음악다방에서 팝송이나 포크송을 들으며 통기타와 맥주, 장발로 대변되는 청년문화를 형성해나갔다. 7080세대는 1989년의 629선언을 통해 독재정치로부터 항복을 받아냈지만, 뒤이어 등장한 90년대의 신세대 문화에 밀려 이들의 문화는 갑작스럽게 사라졌다. 랩이나 힙합으로 대변되는 신세대 문화 코드에 동화되지 못한 7080세대는 한동안 문화적 변방에 머물러야 했던 것이다. 그러나 2000년대 초반부터 불기 시작한 복고 바람을 타고 이들의 문화가 다시 주목받게 되면서 7080 세대를 위한 TV 프로그램들이 신설되기도 했다.

Am   F   G
몹 시 도   힘 이들 더라   땀 만 흘리며

Am   G7
우 물 쭈 물─ 바 ─ 보같 으 니

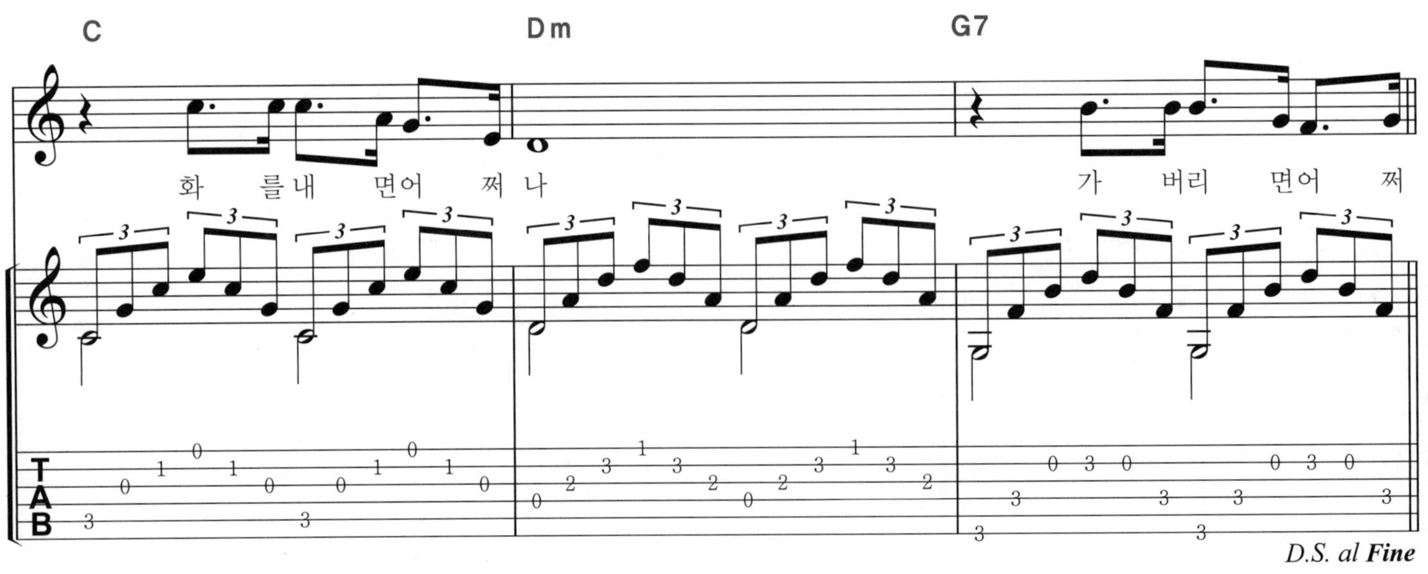

C   Dm   G7
화 를내 면어 쩌 나   가 버리 면어 쩌
D.S. al Fine

옛 친구

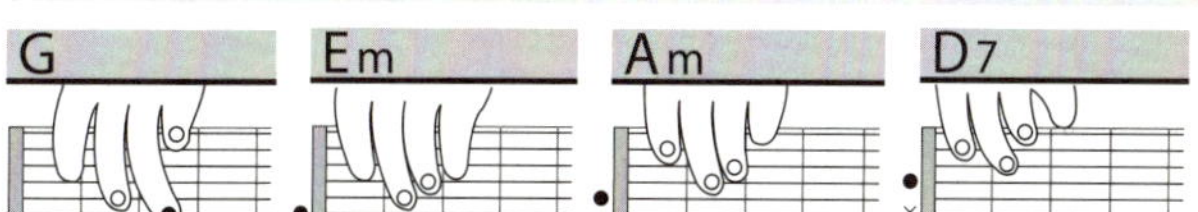

란
하늘높 이
흰구름이
흐르
네
지 난날 시 냇가 에 같 이놀 던친 구는
냇 물처 럼구 름처 럼멀 리 가고없 는 -데
다 시한

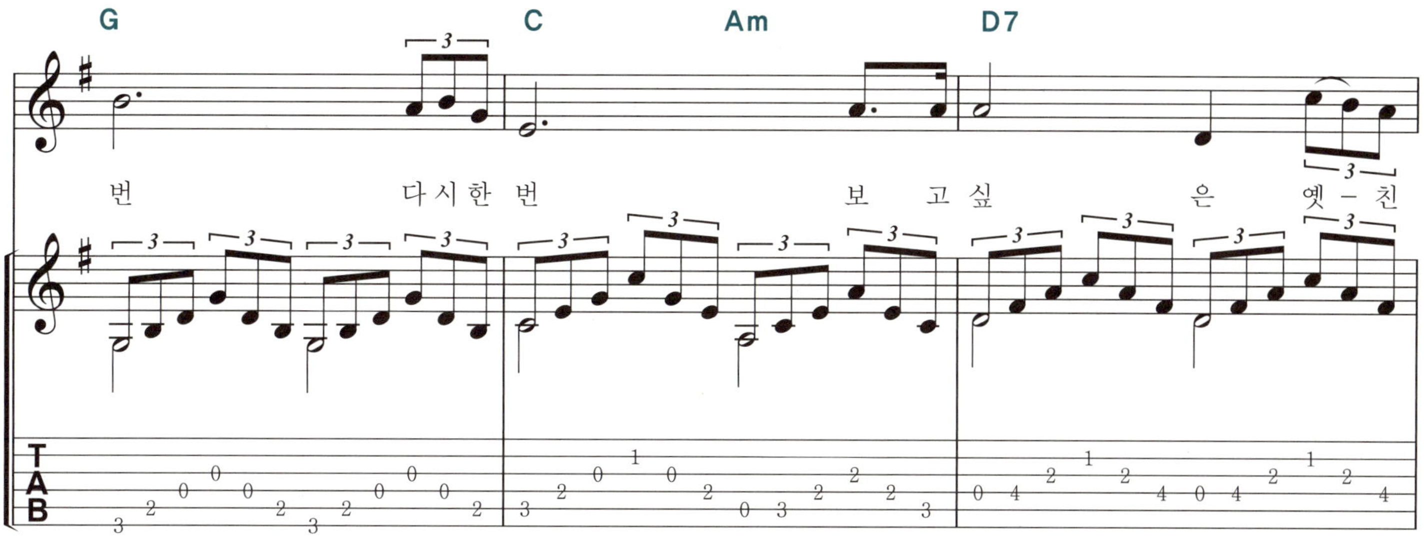

G
C
Am
D7
번
다 시 한 번
보 고 싶
은
옛 — 친

G
Em
구

D7
G
하
얀
꽃 잎 따

로큰롤 [rock & roll]
1950년대 중반 무렵 필 헤일리, 엘비스 프레슬리 등이 만든 음악.
흑인의 리듬과 블루스를 모방하고 컨트리(country), 웨스턴(western) 음악을 섞어 만들었다.
몸을 흔드는 식으로 춤을 추는 데서 'rock and roll'이라 이름붙여졌다.

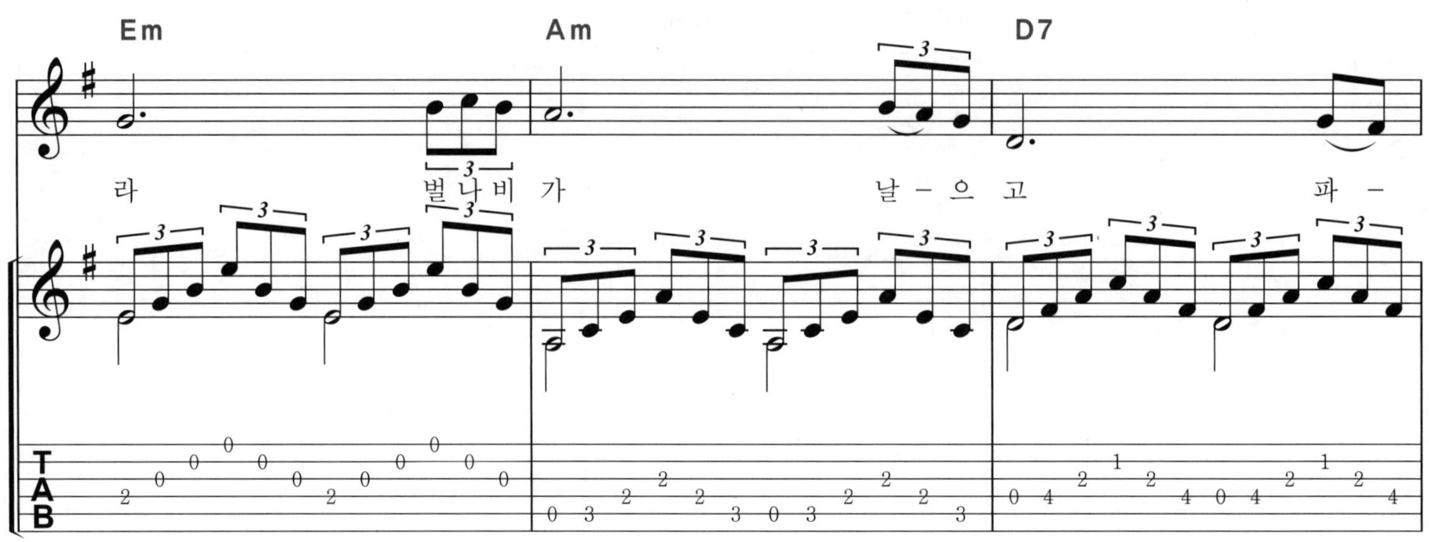

Em   Am   D7
라   벌 나 비 가   날 — 으 고   파 —

C   G   D7
란   잔 디 위 엔   꽃 바 람 이   흐 르

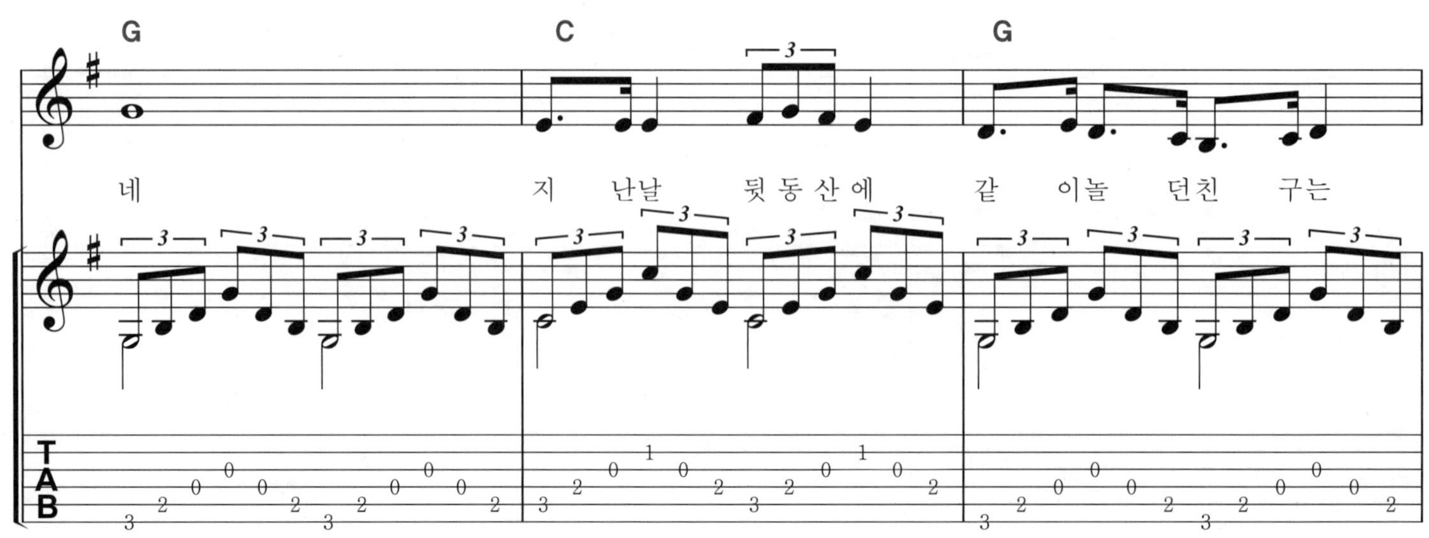

G   C   G
네   지 난날 뒷 동 산 에   같 이놀 던친 구는

D7   G   D7   Am7   D7
어 디론 가멀 리가 서소 식 한번없 는 ㅡ데   그리워

G   C   Am   D7
서   그리워 서   잊 지 못 할 옛ㅡ친

G   C   D7   G
구

어제 내린 비

작사 | 최인호 작곡 | 정성조 노래 | 윤형주

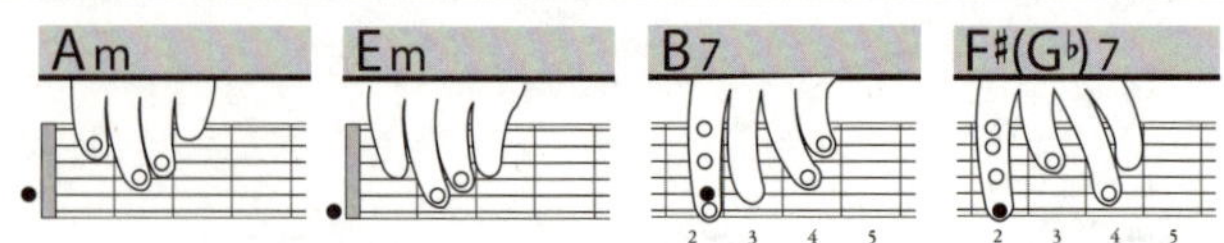

Slow Go Go

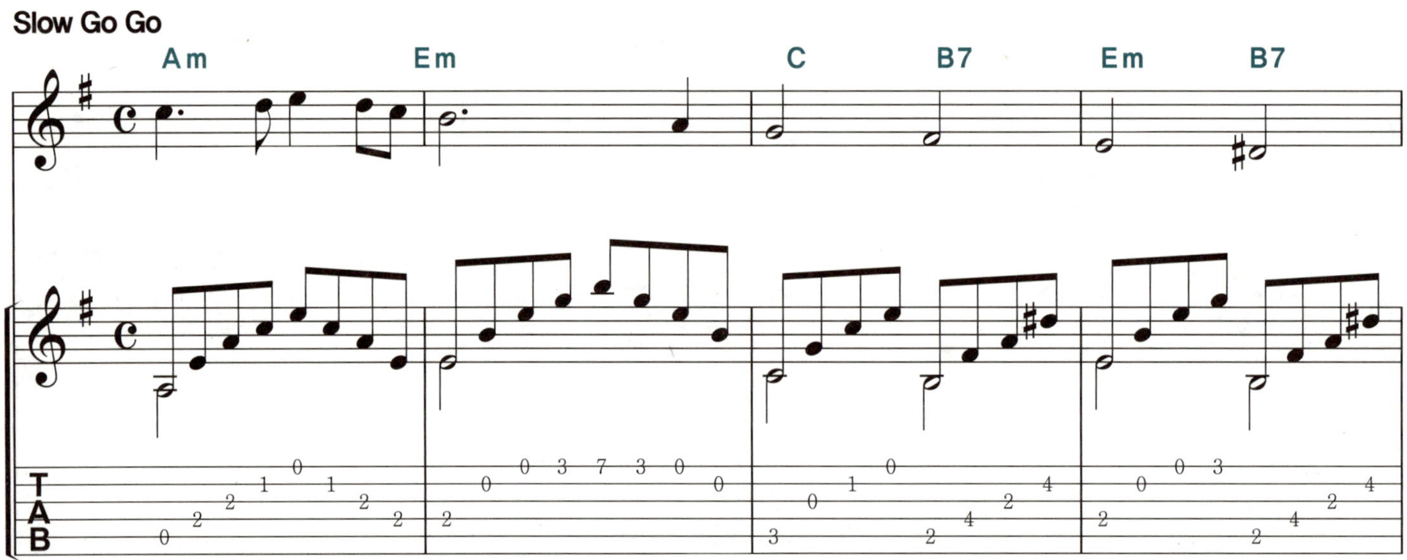

Am
Em
로
도
맑 은 이 슬 떨 어 지 는 데
사 - 랑 의 비 가 내 리 네

F#7
B7
Em
비 가 내 렸 네
귀 를 막 아 도
우 산 쓰 면 내 리 는 비
쉬 지 않 고 비 가 내 리

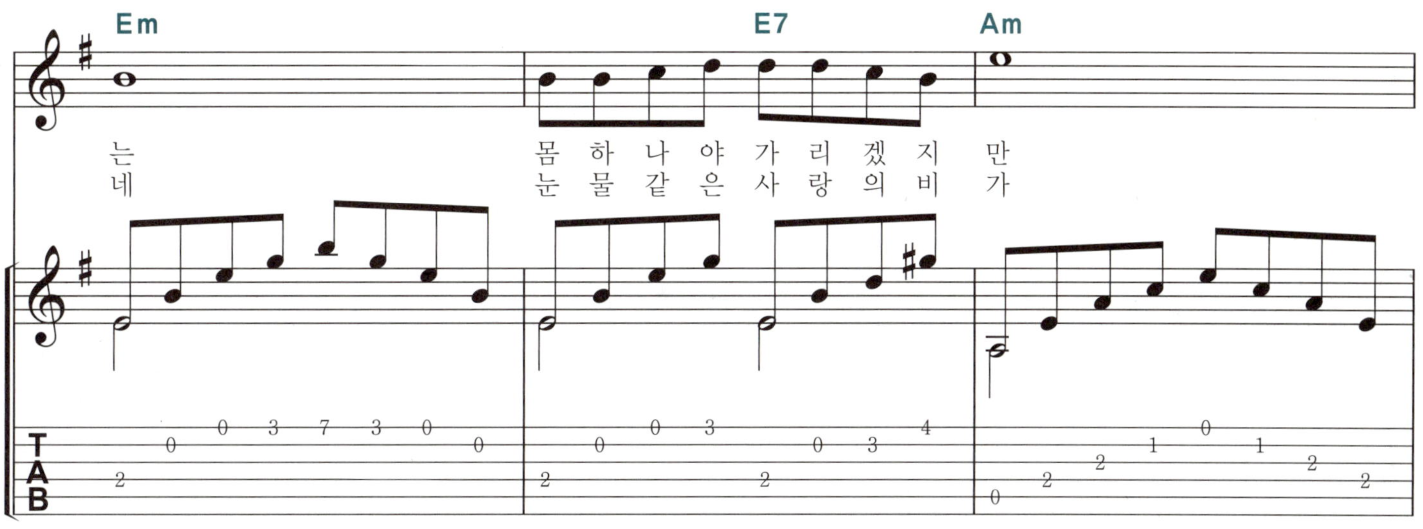

Em
E7
Am
는
네
몸 하 나 야 가 리 겠 지 만
눈 물 같 은 사 랑 의 비 가

C
Em
C
B7
사 랑 의 빗 물 은 가 릴 수 없
피 곤 한 내 몸 을 적 셔 다 없
Em
1.
Em
C7
Fm
네
오
조 그만길가꽃잎
Fm
B♭m
이 우 산 없 이 비 를 맞 더 니

지 난 밤 깊 은 꿈 속 에   활 짝 피 었
네   밤 새 워 창 을 두 드 린
간 절 한 나 의 소 리 여   사 랑 의 비 —

단성사 | 흔히 단성사를 한국 최초의 극장이라 일컫지만, 실제로는 한국 최초의 상영관 또는 영화 극장이다.
단성사가 영화를 상영할 무렵 극장이란 당연히 연극을 하는 곳이었고, 단성사에서도 연극을 무대에 올렸다.
또한 영화는 연극을 하는 극장에서 상영하였는데, 단성사는 원래는 연극을 위한 극장이었다가 한국 최초로 영화를
위한 극장으로서 개수되었다.

야   적 셔 다   오
사 랑의 비 — 야   적 셔 다
오   적 셔 다   오

웨딩 케익

작사 | 윤형주 작곡 | M. Lewis, M. Smith 노래 | 트윈폴리오

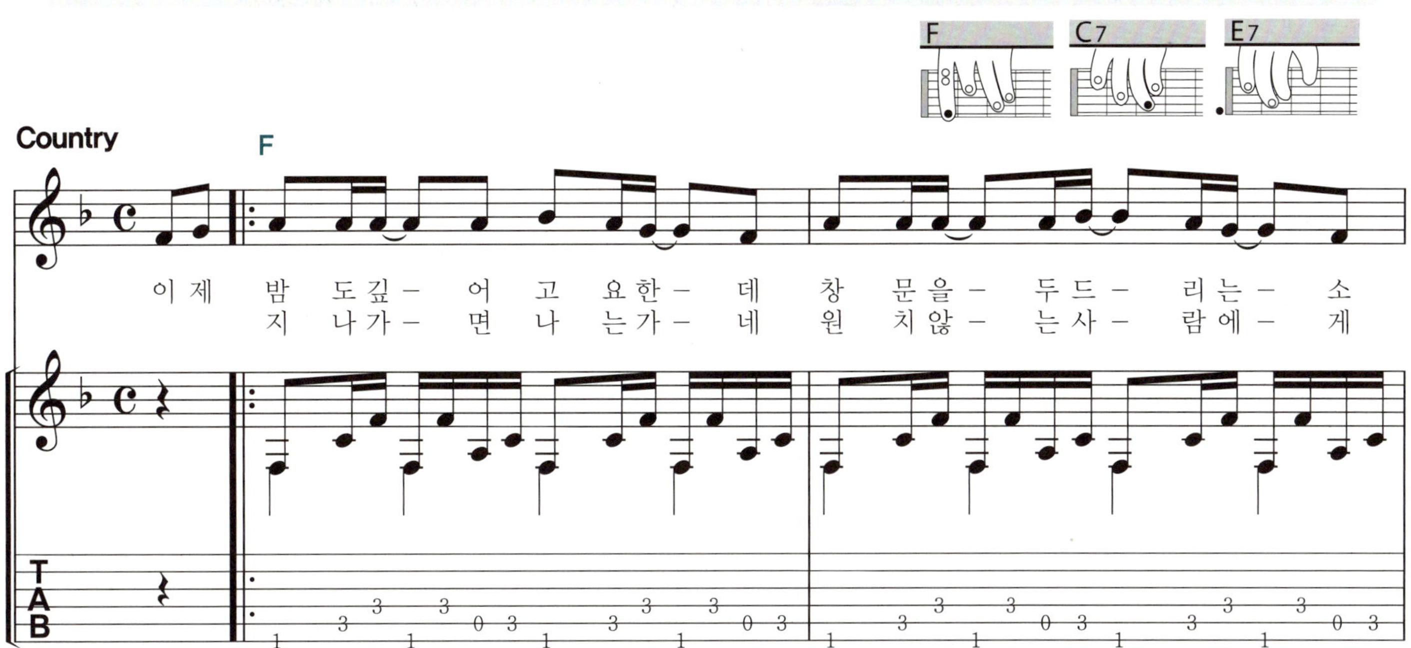

F   F7   B♭
간 곳이– 없고 외로 이 남 아있– 는 저 웨딩– 케 익
지 나가– 면 나 는가 네 사 랑치않 는 사 람에– 게 로
B♭m   F   C7
– 그누 가 두 고갔– 나 나 는기– 네 서 글픈– 나 의 사랑– 이
– 마지막 단 한번– 만 그 대모– 습 보 게하– 여 주 오사– 랑
F
1.
여
2.
F   A7
이밤 이 아

D 7   G
아 픈   내 마음- 도 모 르는- 게 멀 리 서 들 려오- 는

G   D 7
무 정한 새벽 종- 소 리   행여 나

D 7
아 쉬움- 에 그 리움- 에 그 대모- 습 보- 일- 까 창 밖 을 내 어다- 봐

G
도
이 미 사 라 져- 버 린 그모 습
G7
C
Cm
어 디서- 나 찾 을수- 없 어
-
남겨 진
G
D7
G
웨딩 케익 만 바 라보- 며 하 염없- 이 눈 물흘- 리네-

G
D7
남겨 진 웨딩 케익 만 바 라보— 며 하 염없— 이 눈 물을— 리네

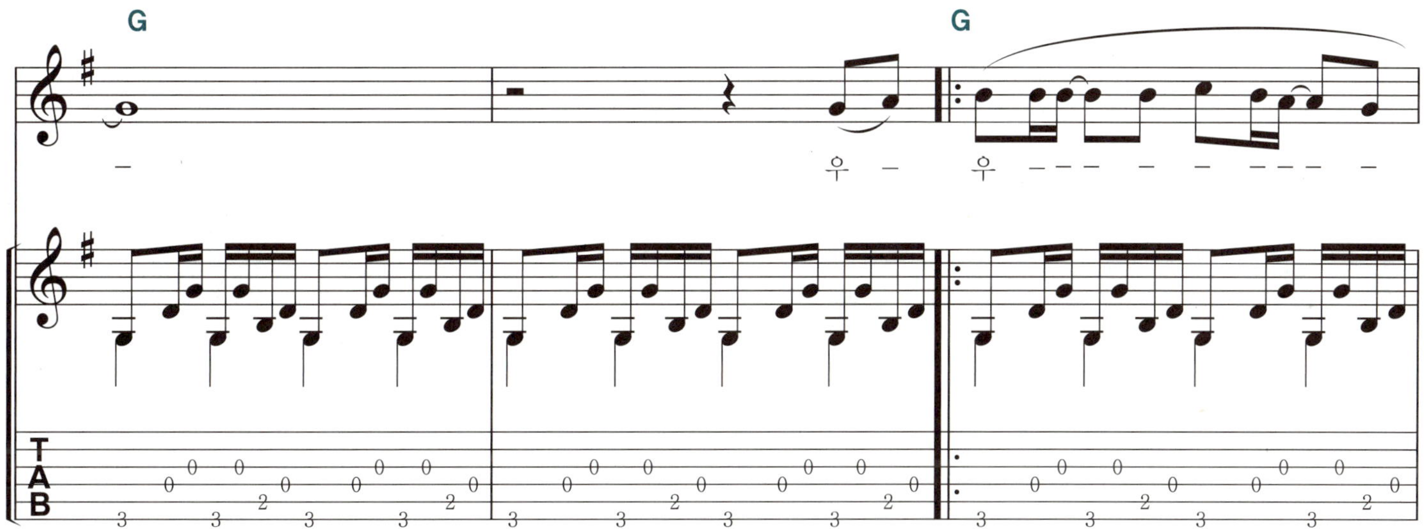

G
G
우 — 우 — — — — — — —

D7
G
우 —
우 — — — — — — — —
F.O.
F.O.
F.O.

두 개의 작은 별

작곡 | 하인체 작사·노래 | 윤형주

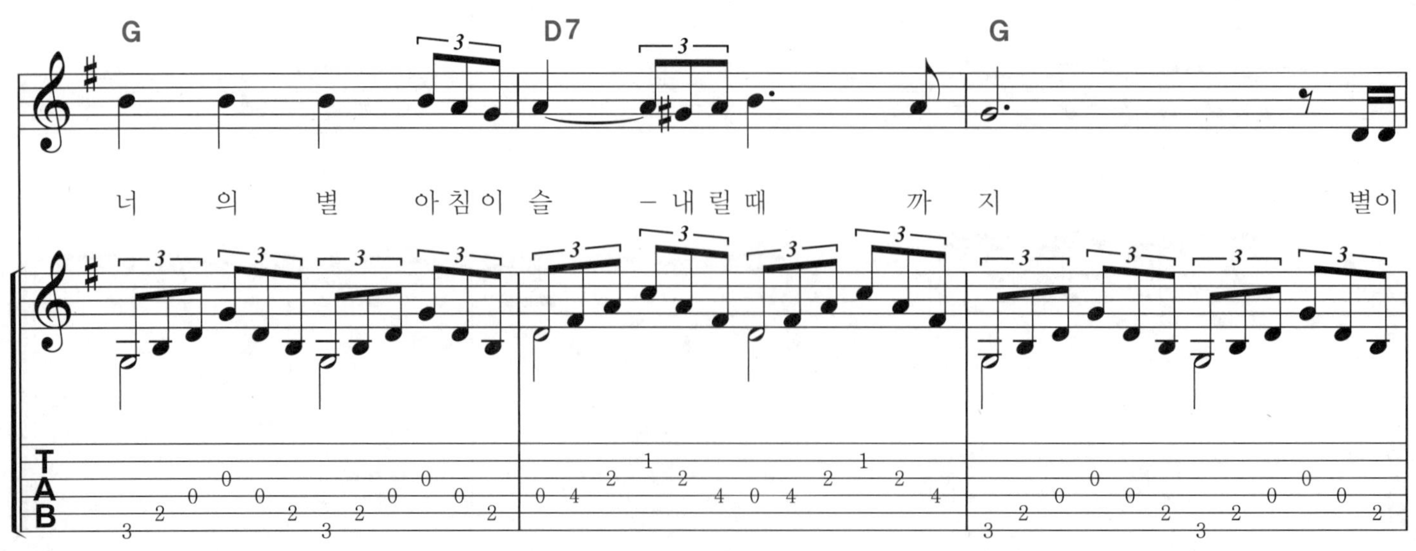

G
지 면 – 꿈 도 지 고 – 슬 – 픔 만 남 아

D7
요 창 가 에 지 는 – 별 들 의 미 소 – 잊 을

D7   G   C
수 가 없 어 요 저 별 은 나 의 별 저 별 은

G   D7   G
너 의 별 별빛에물 들 은 밤같이 까 만눈 동자 저별은
C   G   D7
나 의 별 저별은 너 의 별 아침이 슬 - 내릴때 까
G   C   G
지 라라라랄 랄 랄 라라라랄 랄 랄 라라라

D7
G
랄 -라라랄 랄라   지난 겨 울- 눈 내

G
D7
리던 - 창 -가에앉 아서   단둘이

D7
나 눈- 영원한 약 속 - 잊을 수 가 없 어

요   저별은 나 의 별 저별은 너 의 별 별빛에
물 들 은 밤같이 까 만눈 동자 저별은 나 의 별 저별은
너 의 별 아침이슬 - 내릴때 까 지   라 라 라

버스 안내양 | 만원 버스에 파김치 되어도… "오라이!" 외치던 누이들
버스안내양은 1961년 6월 17일에 교통부장관이 여차장제를 도입하면서 시작되었다.
시내버스와 고속버스등 노선버스에서 일하였는 데 1980년대중반이후 버스에 하차지의 안내방송이 시작되고 버스벨
이 개설되어 승객이 하차지에서 하차하기 직전에 버스벨을 누르면 문이 자동으로 열리게 되면서 사라지게 된다.

C   G   D7
랄 랄 랄 라라라 랄 랄 랄 라라라 랄 － 라라랄 랄
G   C   G
라 라라라 랄 랄 라 라라라 랄 랄 랄 라라라
D7   G
랄 － 라라랄 랄 라

하얀 손수건

작사 | 조용호 작곡 | M. Hadjidakis 노래 | 트윈폴리오

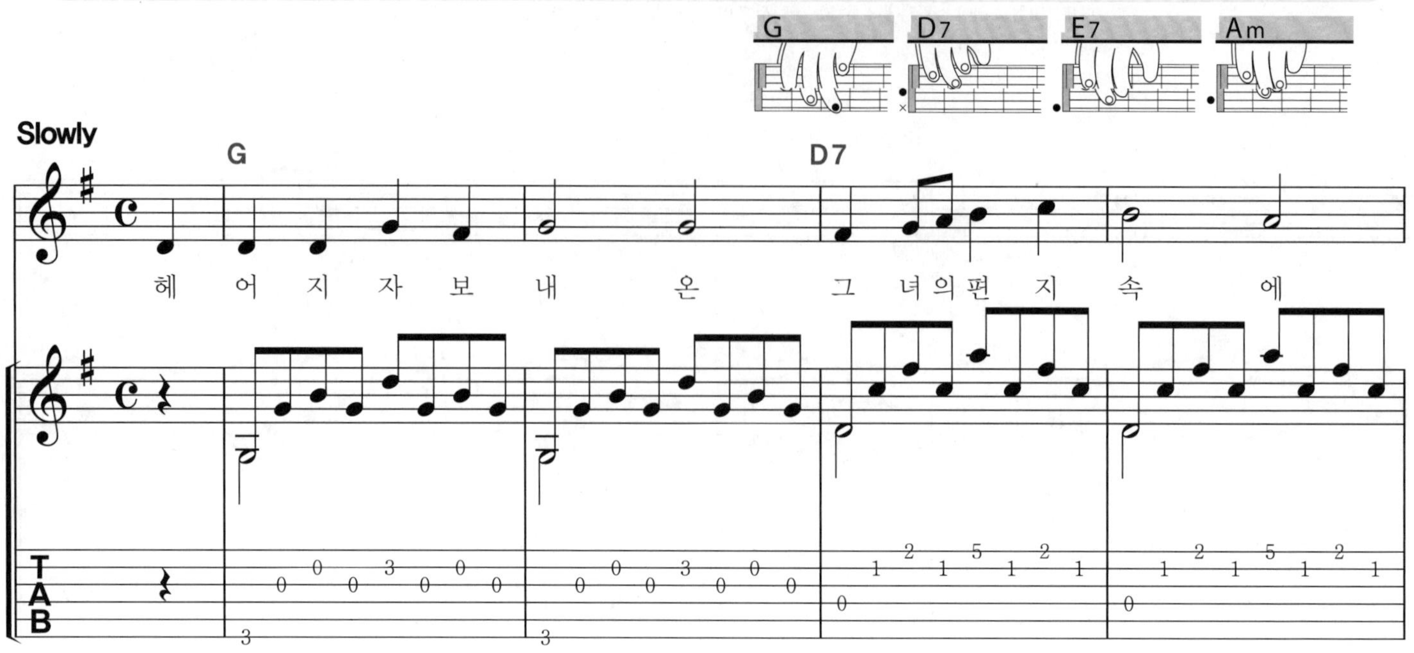

G   D7   E7   Am
Slowly
G
D7
헤 어 지 자 보 내 온   그 녀 의 편 지 속 에

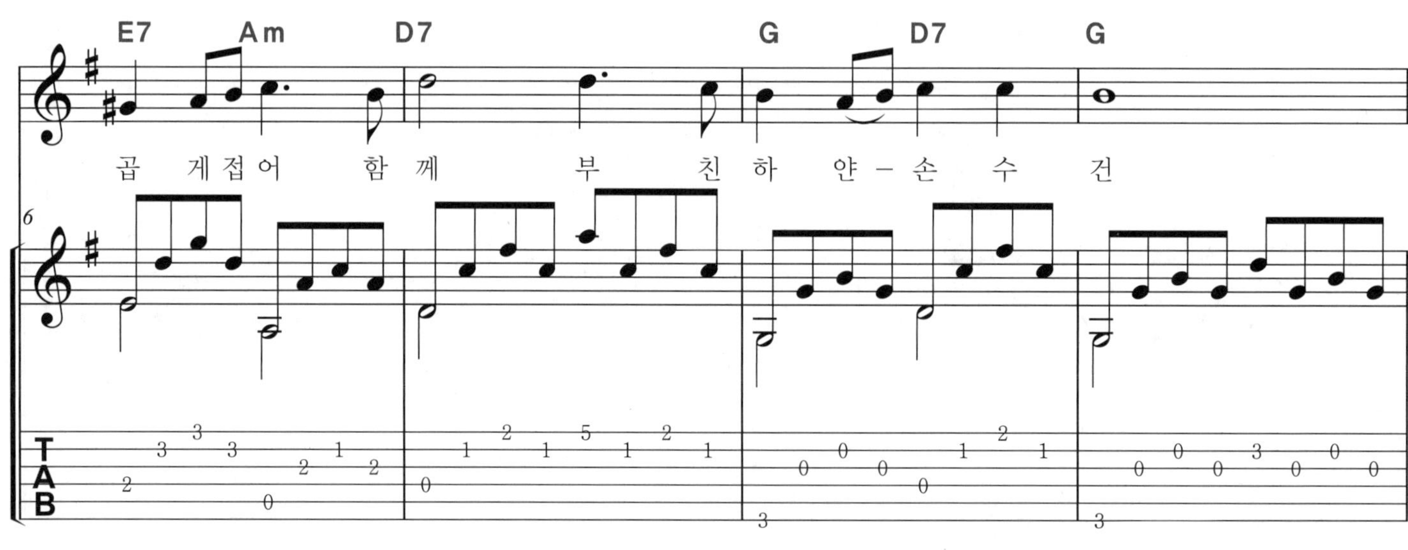

E7   Am   D7   G   D7   G
곱 게 접 어   함 께   부 친 하 얀 — 손 수 건

G   D7
고 향 을 떠 나 올 때   언 덕 에 홀 로

D7   E7   Am   D7   G   D7
14
서 서 눈 물로흔 들 어 주 던하 얀 — 손 수

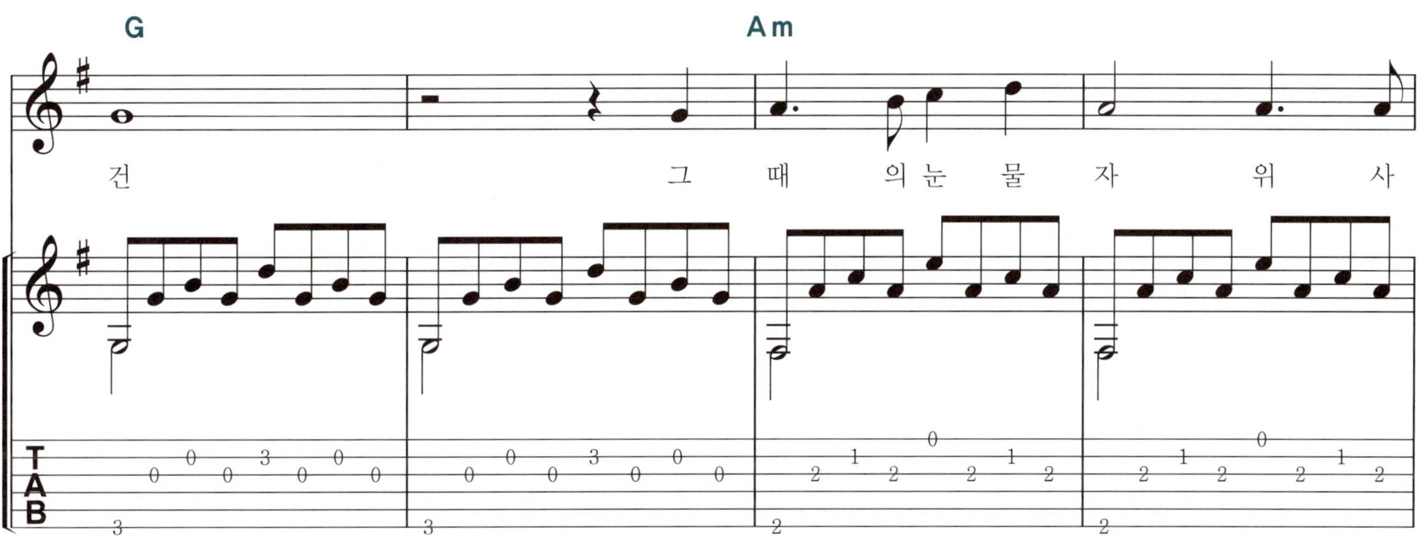

G   Am
건 그 때 의눈 물 자 위 사

D7   G   Am
22
라 져 버 리 고 흐 르 는내 눈 물 이 그

D7   G
위 를 적 시 네   헤 어 지 자 보 내 온
D7   E7   Am   D7   G   D7
그 녀 의 편 지 속 에   곱 게 접 어 함 께 부 친 하 얀 — 손 수
G   D7
건   고 향 을 떠 나 올 때   언 덕 에 홀 로

D7   E7 Am   D7   G   D7   G
서   서   눈 물 로 흔 들 어   주 던 하 얀 - 손 수 건

G   Am   D7   G
그 때 의 눈 물 자 위   사 라 져 버 리 고   흐

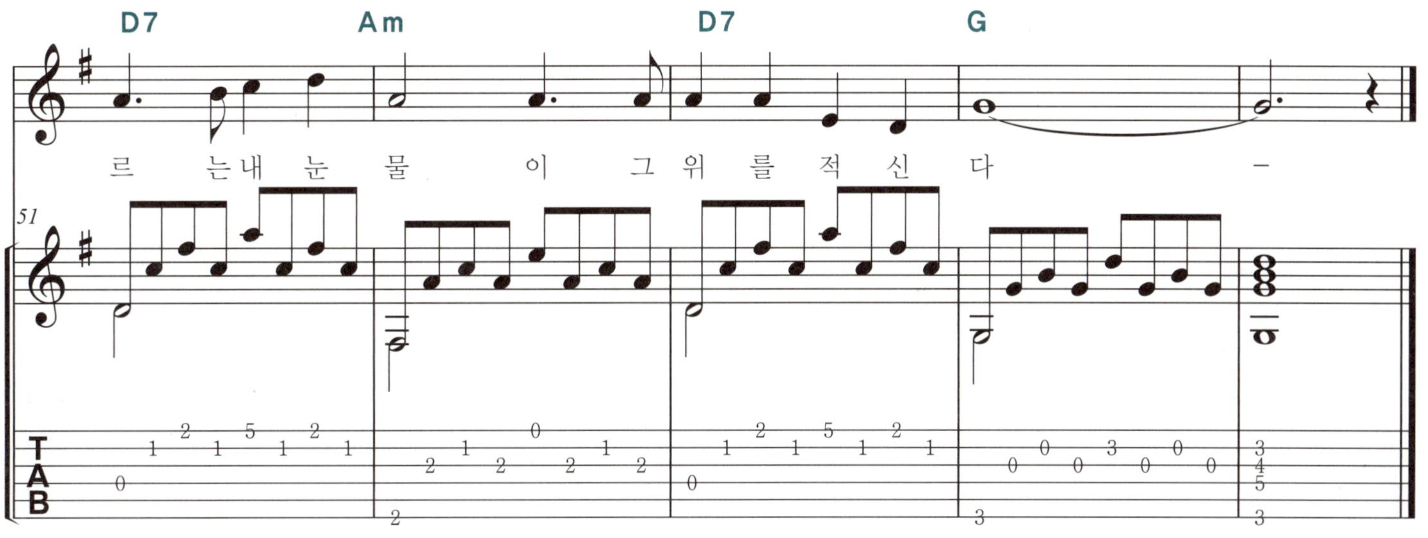

D7   Am   D7   G
르 는 내 눈 물 이   그 위 를 적 신 다   -

창밖에는 비 오고요

작사｜이장희 작곡·노래｜송창식

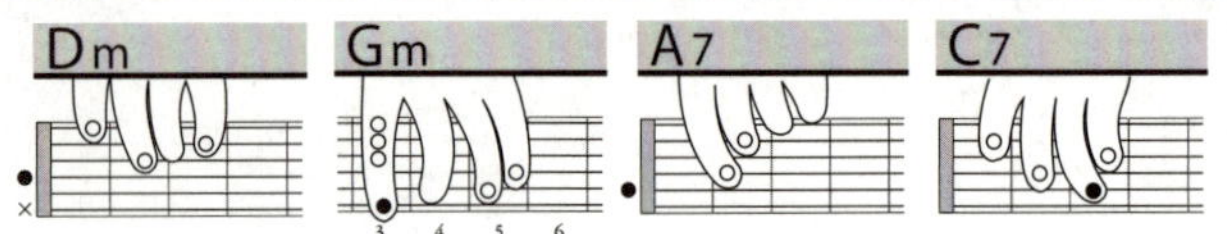

Dm
Gm
A7
C7

Slowly
Dm
Gm
창 밖 에 는 비 오 고 요 바 람 불 고 ―
TAB

Gm
Dm
요 그 대 의 귀 여 운 얼 굴 이
TAB

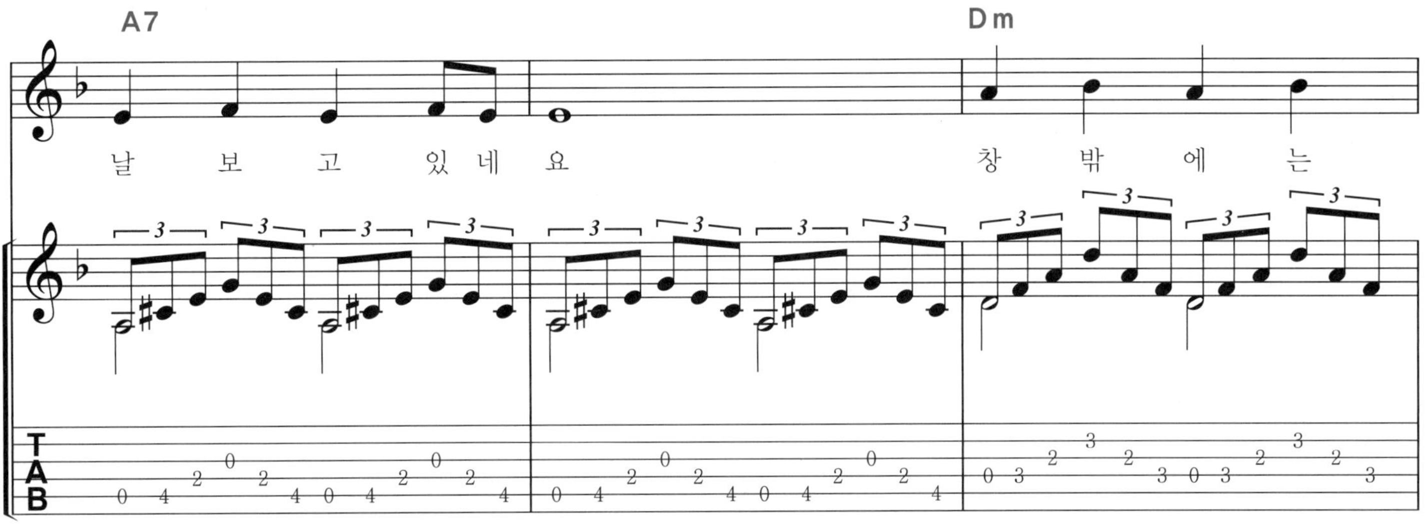

A7
Dm
날 보 고 있 네 요
창 밖 에 는

Dm
Gm
낙엽 지 고 요
바 람 불 고 - 요

Dm
A7
그 대 의 핼쓱 한 얼 굴 이
날 보 고 있 네

Dm
요　　　　　　　창　밖　에　는　눈　오　고　요
Gm
바　람　불　고　－　요
Dm
그　대　의　창백
Dm　　C7
한　얼　굴　이　날　보　고　있　네　요　있　네

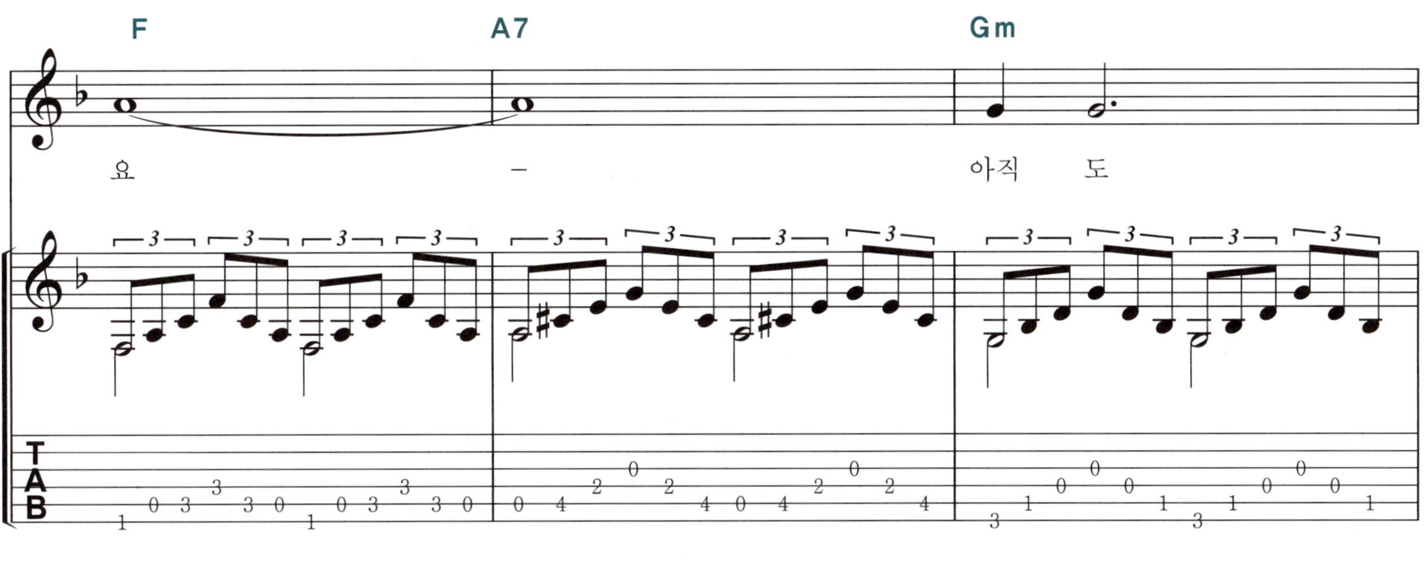

F
A7
Gm
요
아직 도

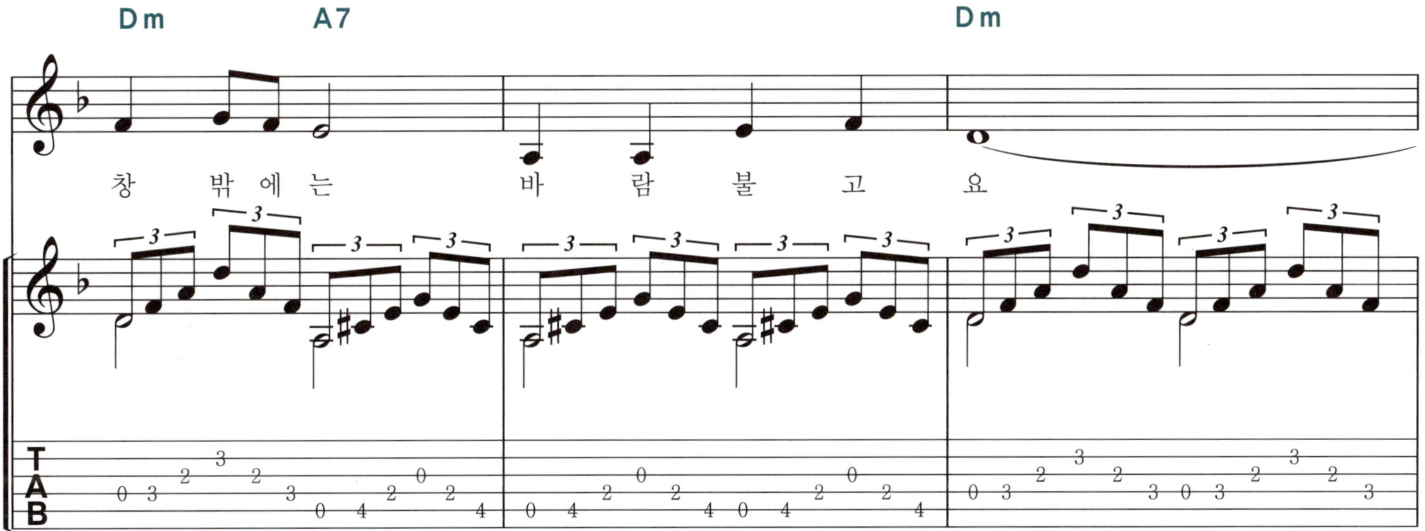

Dm
A7
Dm
창 밖에는
바 람 불 고 요

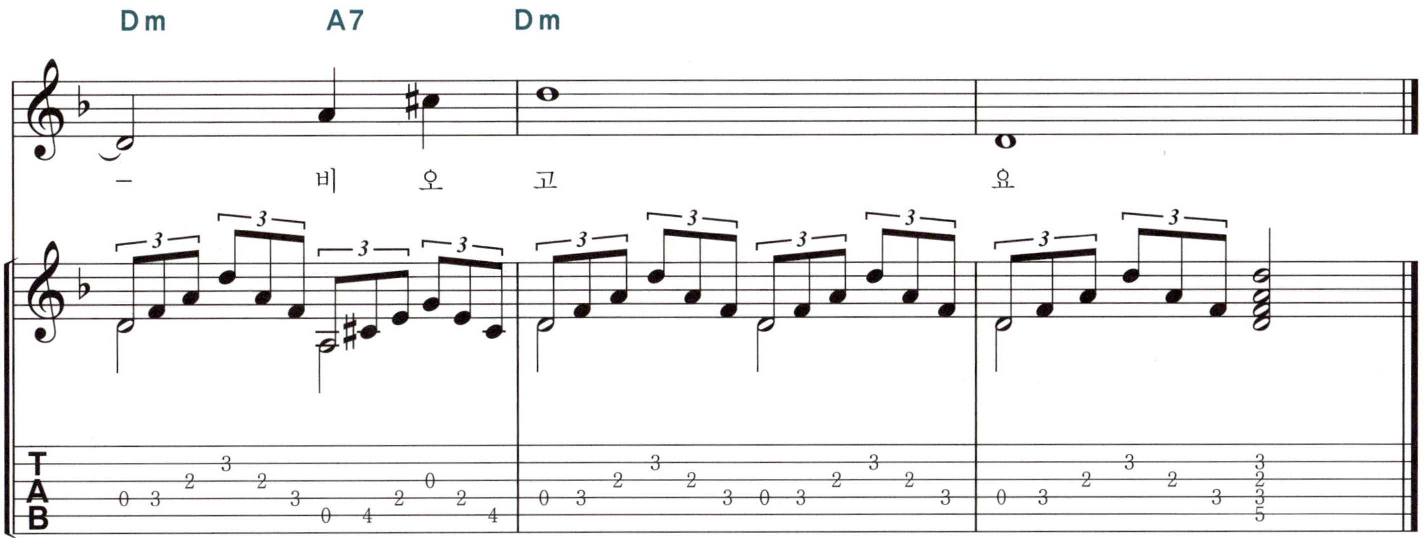

Dm
A7
Dm
비 오 고
요

이루어 질 수 없는 사랑

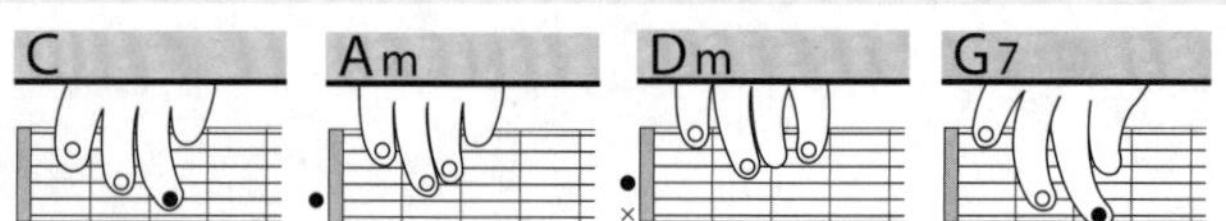

Slow Rock

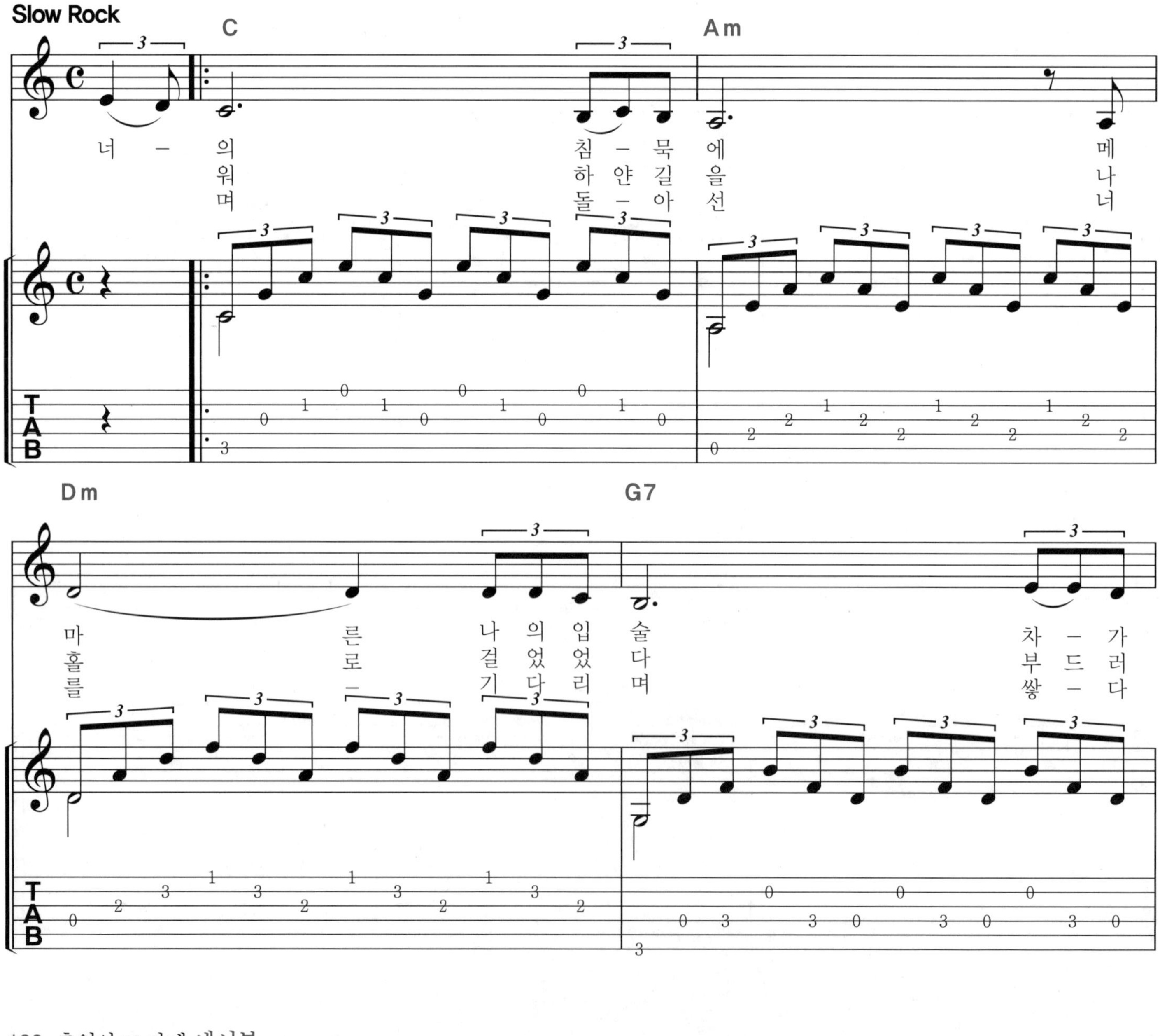

C
Am
운운가
네네
눈모
길습
에은고
얼지
또
Dm
G7
어금쌓은
붙은
내어너
발자디
욱에성
돌아가랑부서
서비지
C
Am
는야는
나내내
에얼굴
게을가
사거삼
랑세켜
한버

D7
G7
C
단 게 린 - 말 대 신 에 오
- 때 려 다 오
- 그 한 마 디
안 - 녕
슬 - 픈
정 - 말
안 - -
내 눈 물
정 -
Am
Dm
G7
녕 이 말
목 메
감 춰 질
너 를 사
인 - 그 한 마 디
- 수 있 - 도 록
랑 - 했 었 다 고
이 루 루
이 이
이 루
C
Am
Dm
어 어 어
어 어
어
질 - -
질 - -
질 - -
수 수
수 수
수
없 없 는
없 없
없 는
- - 사 -
- - 사 -
- - 사

G7
C   Am   Dm   G7
1, 2.
랑   이었기에   음   밤 새
랑   이었기에   음   미 워 하
랑   이었기
C   Am   Dm   G7   C   Am
3.
에   음   음
Dm   G7   C
103

사랑 그 쓸쓸함에 대하여

작곡 | 이병우 작사·노래 | 양희은

Bm   Em   F#(Gb)
Slowly
Bm   Em   Bm   C
다 시 또 누군가를 만나 서

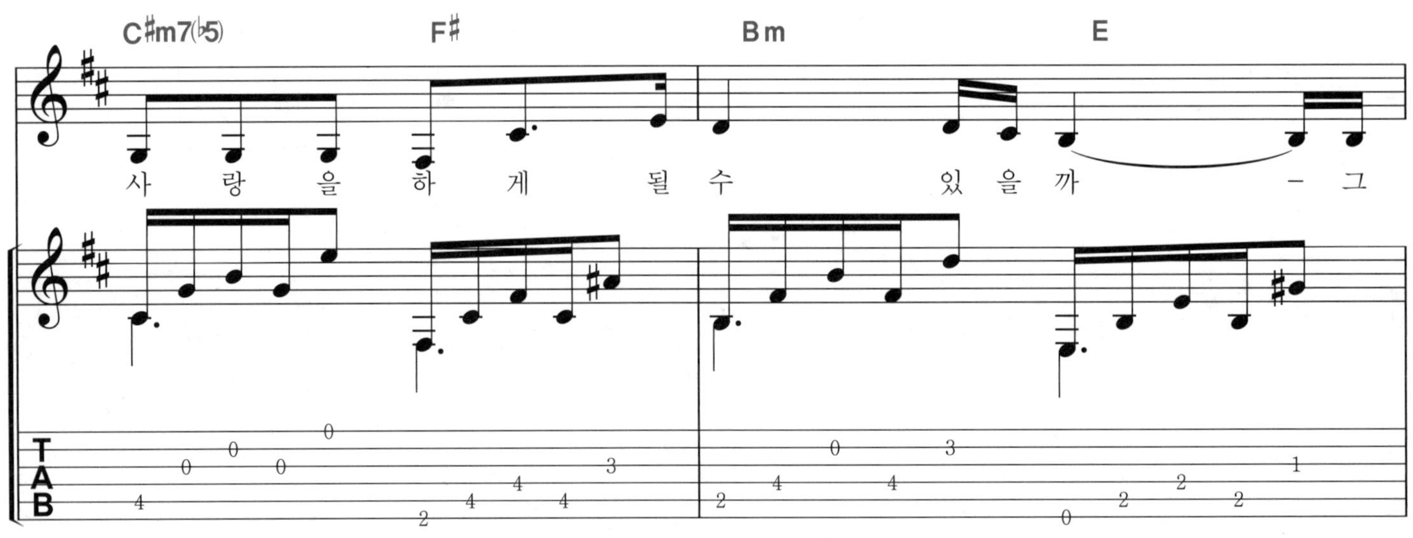

C#m7(b5)   F#   Bm   E
사 랑 을 하 게 될 수 있 을 까 그

Em   F#
럴 수 는 없을것 같 아

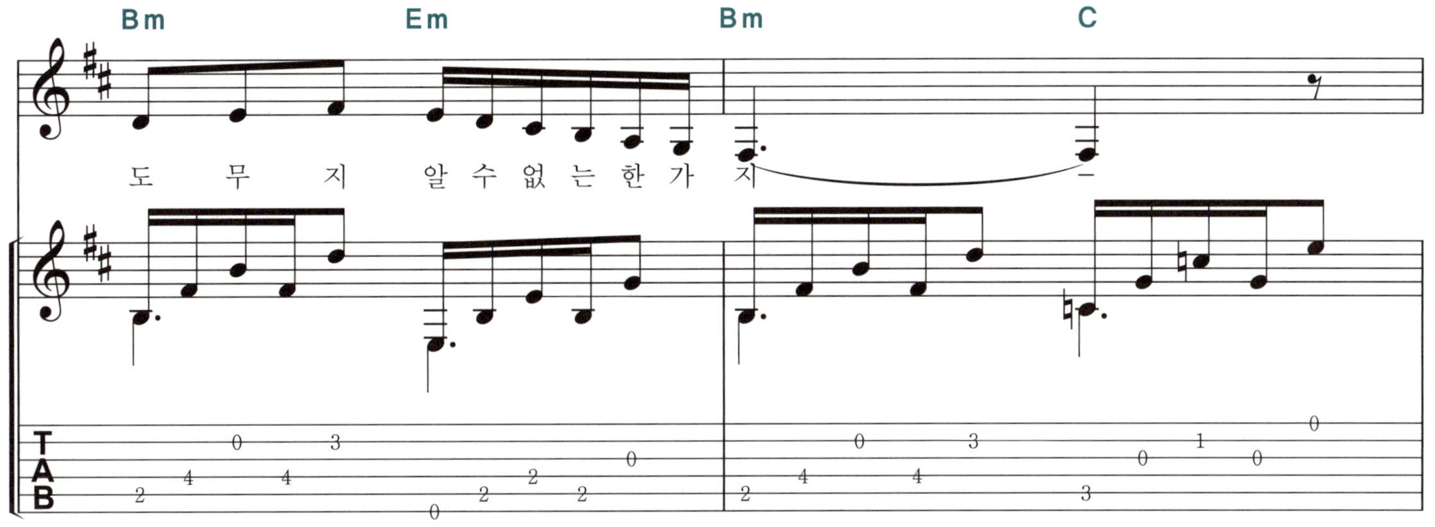

Bm   Em   Bm   C
도 무 지 알수없는한가 지

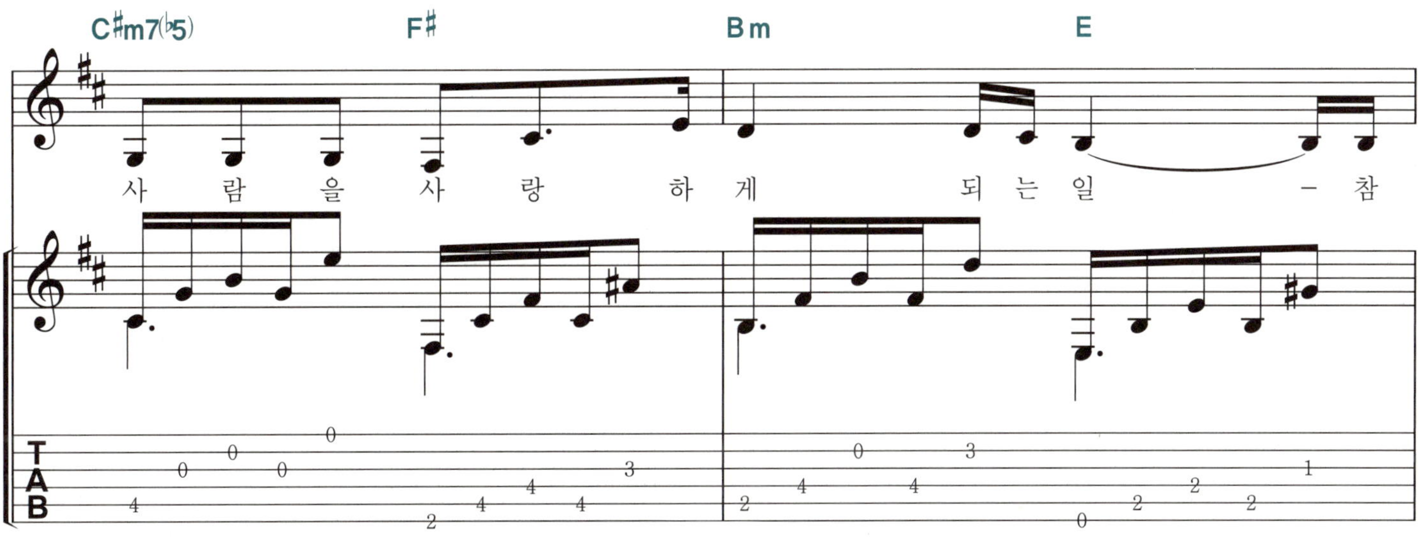

C#m7(♭5)   F#   Bm   E
사 람 을 사 랑 하 게 되 는 일 ― 참

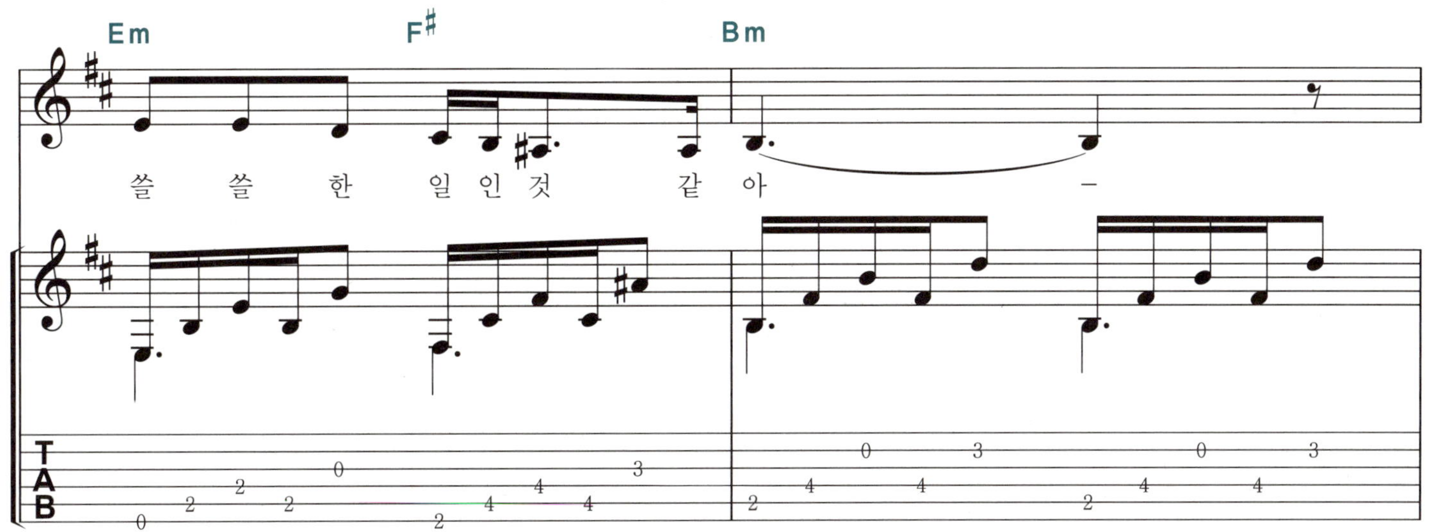

Em   F#   Bm
쓸 쓸 한 일 인 것 같 아

C   A   F#   Bm
사 랑 이 끝 나 고 난 뒤 에 는
C#m7(♭5)   F#   Bm
이 세 상 도 끝 나 고
C   A   F#   Bm
날 위 해 빛 나 던 모 든 것 도

C#m7(♭5)   C#   F#
그 빛 을 잃 어 버 려 —
Bm   Em   Bm   C
누 구 나 사 는 동 안 에 한 번 —
C#m7(♭5)   F#   Bm   E
잊 지 못 할 사 람 을 만 나 고 — 잊

Em
F#
Bm
Em
지 못 할 이별도 하지
도 무 지 알수없는한가
Bm
C
C#m7(b5)
F#
지
사 람 을 사 랑 한
Bm
E
Em
F#
Bm
다 는그일 참쓸쓸 한 일인것 같 아

추억의 그 노래

코드표

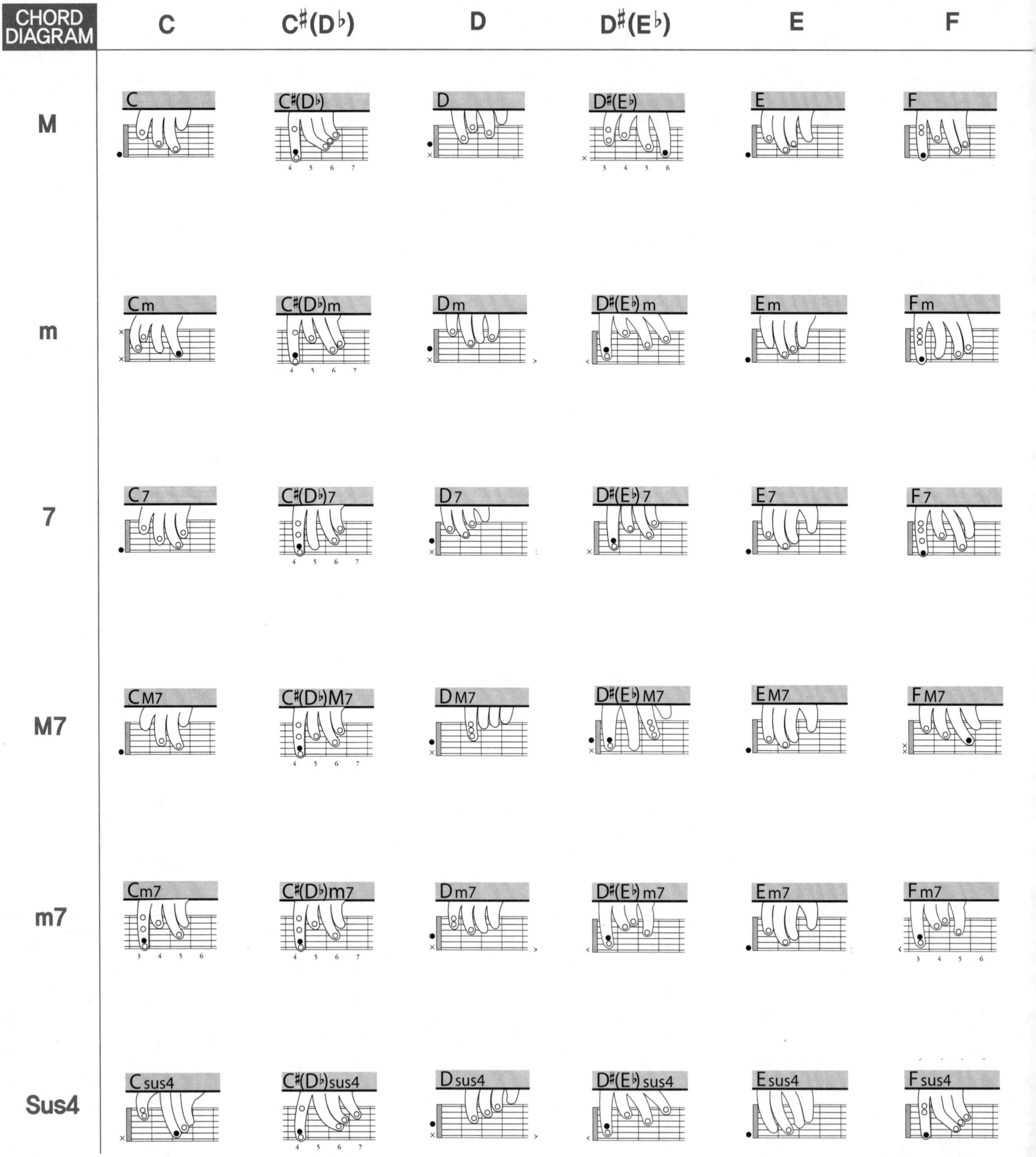

CHORD DIAGRAM	C	C#(D♭)	D	D#(E♭)	E	F
M	C	C#(D♭)	D	D#(E♭)	E	F
m	Cm	C#(D♭)m	Dm	D#(E♭)m	Em	Fm
7	C7	C#(D♭)7	D7	D#(E♭)7	E7	F7
M7	CM7	C#(D♭)M7	DM7	D#(E♭)M7	EM7	FM7
m7	Cm7	C#(D♭)m7	Dm7	D#(E♭)m7	Em7	Fm7
Sus4	Csus4	C#(D♭)sus4	Dsus4	D#(E♭)sus4	Esus4	Fsus4

F#(G♭)	G	G#(A♭)	A	A#(B♭)	B
F#(G♭)	G	G#(A♭)	A	A#(B♭)	B
F#(G♭)m	Gm	G#(A♭)m	Am	A#(B♭)m	Bm
F#(G♭)7	G7	G#(A♭)7	A7	A#(B♭)7	B7
F#(G♭)M7	GM7	G#(A♭)M7	AM7	A#(B♭)M7	BM7
F#(G♭)m7	Gm7	G#(A♭)m7	Am7	A#(B♭)m7	Bm7
F#(G♭)sus4	Gsus4	G#(A♭)sus4	Asus4	A#(B♭)sus4	Bsus4

개정판

세시봉

추억의 그 카페

연 주 를 위 한 통 기 타 곡 집

발행일 2025년 12월 30일
발행인 남 용
편저자 일신음악연구회
발행처 일신서적출판사
주 소 서울시 마포구 신수동 177-3
등 록 1969년 9월 12일 (No. 10-70)
전 화 (02) 703-3001~5 (영업부)
         (02) 703-3006~7 (편집부)
F A X (02) 703-3009

I S B N 978-89-366-2915-1 (93670)